내 **쫌** 만지도

# 내 쫌 만지도

양미경 수필집

경상도
사투리
수필집

수필과비평사

Prologue

# 덩실한 언어 창고를 기대하며

　언제부터인가 사투리를 쓰면 무지해 보이거나 교양 없게 생각하고, 표준말을 써야만 그럴듯해 보인다는 생각을 하는 경향이 생겼다. 현대 표준어가 서울 사투리에 지나지 않는 것처럼 사투리도 통용되는 지역에서는 그 지역의 표준어이기는 마찬가지다. 그런데도 사투리는 죄지은(?) 것 없이 천시되거나 무시되면서 망각의 수면 아래로 잠기고 있다.
　그러나 근래 들어 언어학 분야를 비롯한 문화 예술계에서 두루 사투리 보존 운동이 활발해지고 있다. 티브이 예능프로그램이나 영화에서도 사투리는 매력 있는 콘텐츠로 자리매김 중이다. 지역에서 지역말로 글을 쓰는 작가의 입장에서 반가운 일이다.
　사투리는 한 지역의 문화와 풍속의 향기를 그대로 지닌 우리 본래의 언어다. 제주도의 '어망'이나 '할망'을 '어머니'나 '할머니'

라는 말로 대신할 수는 있겠지만, 어망이나 할망이라는 말이 주는 언어적 따뜻함이나 향기를 한껏 품어주지는 못한다. 경상도에서는 제 자식을 '내 강새이'라고 부른다. 이걸 '내 강아지'로 바꿀 수는 있겠지만 '강새이'라는 말이 내포한 경상도 사람들의 애정 어린 언어적 감도는 결코 흉내낼 수 없을 것이다.

평생을 통영에서 글 쓰며 살아온 사람으로서 어머니 태내에서부터 학습한 내 고향의 언어로 글을 써서 한 권의 책으로 묶어내고 싶었다. 동일한 사투리도 사용하는 지역마다 조금씩 다르다. 통영 말은 경남의 서부와 동부 사이에서 형성된 언어라 발음과 엑센트에서 동부와 서부의 말이 뒤섞인 경우가 있다. 나름 최선을 다했지만 더러 잘못 부분도 있을 터, 그 점을 너그럽게 이해해 주면 좋겠다.

사투리는 자연발생적으로 만들어진 언어이지 인위적으로 다듬거나 정제한 언어가 아니다. 그리고 그들 언어 속에는 농경민족으로서 힘들게 노동했던 우리네 오랜 역사 속의 삶을 녹여낸 여러 표정과 기질을 증거하고 있다.

읽다 보면 표현이 조금쯤은 지나치다 싶을 정도의 야한 느낌의 부분들도 있을 것이다. 이는 사투리가 지닌 걸쭉한 맛과 본연의 느낌을 관능미 위에 올린 결과이며 언어적 묘미를 살리기 위해 구사한 어찌할 수 없는 부분들이었다.

  사투리로 한 권의 작품집을 출판하면서 여러 지역에서 더 많은 작가들이 자신이 태어난 고향땅의 언어로 글을 쓰고 책을 내는 일들이 활발해지기를 기대한다. 그렇게 표현되고 구사된 사투리가 그 지역만의 풍부한 정감은 물론 다른 언어적 자산으로 덩실해지기를 바라며 사투리 수필집을 엮어낸다.

                       통영 여름 바다의 숨소리를 들으며
                                      양미경

Contents

프롤로그 … 5


제1부

배꼽 아래가 때꼼해지는 이바구

사마구 타령 … 14
오징어와 수컷들 … 18
바게트빵과 마녀 빗자루 … 23
절정 … 28
기찻길 옆 오막살이 … 32
내 쫌 만지도 … 37
도구통 이바구 … 42
몰캉한 게 홍어라카대 … 47
솥 때우소 냄비 때우소 … 52
큰 코 다치는 거는 약과데이 … 57
요상시러븐 해삼 … 62

제2부

## 호랭이 담배 묵던 시절 이바구

동동 구리무 … 68
연탄의 따신 추억들 … 73
엿장시 맘대로 … 78
옛날 옛적, 화장지 없던 시절 … 83
우산할배는 다 오데로 갔실꼬 … 88
몽땅비짜리가 어때서 … 92
무봤나 개떡 … 97
고매 빼때기를 아능교 … 102
몬 생기도 만세다 … 106
발언하는 고등어 … 110
안방 삼총사를 알란가 모르겠네 … 114

제3부

# 세상살이 시비 쪼매이 걸어보는 이바구

개 팔자, 개 거튼 팔자 … 120
고백 쪼매이 할라꼬예 … 124
느그가 빈티지를 아나 … 128
머시라, 이벤트라꼬? … 132
문어가 시월이라꼬? … 136
상어가 와 빠른지 아능교? … 140
언놈 물믹이나 … 144
유머는 유머일 뿐 … 148
파이다 … 153
어무이, 행복한 새는 안 난다카네예 … 157
전통혼례와 원앙이 … 162

제4부

# 토영 전설 이바구

남매 바우 … 168
마구할매가 내삐린 장개섬 … 173
相思 바우 … 177
설운 장군 … 183
옥녀봉 전설 … 187
토영에 김삿갓이 왔다 카대 … 192
도솔선사兜率禪師와 호랭이 … 198


| 작품해설 | —내 쫌 만지도
유한근 '위트, 유머, 아이러니 그리고 풍자' … 203

제1부

배꼽 아래가
때꼼해지는 이바구

# 사마구
# 타령

　　여름철 풀밭에서 베짱이 지지지 울어싸대믄 느그들 기분 째지제? 옛날에는 짚으로 베짱이집 만들어가꼬 그 안에 가다 놓고 우는 소리를 음악처럼 들었다 카데. 그기 짝 찾아 우는 긴데 짝도 몬 찾구로 가다 놓고 뭔 음악이라고, 참말로 인간들은 얄궂데이. 그건 글타 치고, 죽은 베짱이 보믄 동정 하믄서 왜 우리 사마구 보믄 안 그라는데?
　　좀 무십게 생깃다 카는 거 우리도 안다꼬. 얼굴은 삼각형으로 뾰족하제, 눈은 아래우로 쭉 찢어졌제, 폴은 가시 달린 낫처럼 위협적으로 생깄제. 오죽하믄 사람들이 우리를 버마재비라고 부르겄노. 범아재비가 변한 말이라 쿠네. '호랑이의 아저씨'라는 말인께네 우째 보믄 호랑이보다 항렬이 높다는 말 아인가베. 머 적자생존인데 무섭다면야 좋기는 하다마는.

베짱이하고 우리는 육식성인기라. 베짱이 저거 턱주가리가 얼매나 쎈 줄 아나. 물리믄 다리든 모가지든 부러진다카이. 머라꼬? 사마구하고 베짱이하고 붙으믄 누가 이기냐꼬? 먼저 물린 놈이 밥 되는 기제. 버마재비 수컷한테 무서운 기 두 가진데 베짱이하고 사마구 암컷 아인가베.

암컷이 와 무십냐고? 우리 사마구 수컷 팔자 참 기구하다 아이가. 사람들은 음악 들어가문서 차 마시다가 술로 바뀌고 무드 잡히믄 작업 들어가제? 우리는 시작부터 서스펜스에 완전 호러다. 음악에 술 좋아하네. 느그맨치로 낭만적으로 작업 들어가다가는 뼈도 못 추린다. 짝짓기 제대로 해보기도 전에 꼴까닥이다.

베짱이 빼믄 우리 사마구를 당할 곤충은 별로 없다 아인가베. 곤충계에서 들려오는 전설 들어봤나. 우리들은 벌레 잡아먹는 새하고도 싸우고 심지어 동네 개하고도 싸우마 안 밀린다 카는 거. 덩치 땜시 결국 지기는 하지만 그래도 숨넘어가기 전까지는 그 유명한 당랑권으로 버틴다 아이가.

그란데 왜 암사마구를 무서버 하냐꼬? 아이구 시어마시야. 느그 인간은 공처가에 경처가도 모자라서 마누라만 보믄 설설 긴다고 기처가까지 있다 카데. 우리도 마찬가지데이. 우짜다가 암컷 만나서 짝짓기 한 번 할라 카믄 이기 보통일이 아인기라. 암컷이 우리보다 덩치가 두 배인데다가 짝짓기하고 나모 뱃속의 알들 키우는 데 고단백이 필요하다꼬 수컷을 잡아무뻰단 말다. 그카이 수컷들은 그 짓을 목숨 걸고 하는 기라. 그케도 이쁜 내 새끼들이 이 땅에서 살 수 있다 카모 그 이상 바랄 게 없제. 심지어 짝짓기하는 동안에도 암컷은 머리를 뒤로 돌려 수컷을 잡아먹는다 아이가. 몸이 반쯤이나 암컷 뱃속으로 들어가도 악착까지 짝짓기는 끝낸다마는 이기 보통일이 아이제.

머시라? 인간들은 그리까지는 아이라꼬? 놀고 있네. 우리야 한 계절 살다 가면 그만이지만 느그는 한 오십 년은 야금야금 잡아먹히믄서 살아야 한다 아이가. 우리캉 머시 다른데?

우쨌거가 암컷을 만나면 눈치를 살피믄서 슬쩍 뒤로 돌아가가 덮치는 기 관건이라. 그때 암컷이 홱 돌아보믄 간담 서늘하지. 한 잔 묵고 마누라 잘 때 침대 옆에 발뒤꿈치 들고 살살 들어가는데 마누라가 벌떡 일어나믄 느그도 간 떨어지제? 우리도 그렇딱꼬. 그케싸도 일단 뒤에서 덮치기만 해 뿌마 일 차는 성공이제.

그란데 그기 끝이 아이라꼬. 짝짓기하는 동안에도 끊임없이 암컷 눈치를 봐야 되는 기라. 머라꼬? 심하다꼬? 하이고, 느그는 짝짓기하믄서 눈치 안 보나. 마누라 심기 살피믄서 제대로 못하믄 아침 밥상에 반찬이 왔다갔다한다카믄서. 그래도 느그들 살아남으믄 짝짓기는 언제든 할 수 있제.

그라고 보이께네 인간 수컷이나 우리 사마구 수컷이나 처지가 별반 다르지 안능기라. 안 그렇나? 여자 만나는 순간은 환상 같지만 그 다음부터는 우리 목심도 우리 끼 아이라 카이. 그래도 21세기 인간들은 여자들이 경제적으로 한 몫 거들어 수컷이 좀 수월해졌다믄서, 우리보다 훨 낫네.

우짜든가 이 여름 살아남아가꼬, 햇살 따신 가실에 풀밭에서 만나 한잔하모 어떻겠노? 살아남은 자여, 건배!

# 오징어와 수컷들

누가 벨을 눌리서 문을 열어보이께네 우층 얼라 엄마가 살아서 꼬무락거리는 걸 들고 온 기라. 머신고 싶어 보이께 오징어더라 카이. 다리에 빨판을 잔뜩 붙이가꼬 오글거리 쌌네.

왜 가왔냐꼬? 그기사 얼라 셋이 쿵쾅거리싸니까 미안하다 카능 거 아이것나. 간만에 해물파전이나 부치묵을까 하고 오징어 손질하는데, 집에 와 있던 손녀가 그 놈 꿈틀거리는 거

재밌는지 한참을 보다가 내게 묻더락꼬.

"할무이, 오징어 눈깔은 와 머리가 아이고 옆구리에 있는데요?"

"엉?"

그때부터 헷갈리더마는 손이 지 맘대로 가다가 먹물이 터지가꼬 옷이고 도마고 만신에 먹칠갑을 해뻤다 아이가. 곰곰이 생각해보이 나는 와 그런 생각을 안 해봤제? 그런 의문이 드는 기라. 아인 기 아이라 오징어 눈깔 붙은 데가 사람으로 치면 옆구리나 골반 근처쯤 아이간베.

"입은 오데 있는데요?"

'주딩이는 사람으로 치믄 사타구니 사이 거시기 붙어 있는 데쯤이네.' 내가 혼자 구시렁거리는 사이 손녀는 씩 웃드마는 그냥 나가뻬네.

오징어는 일단 제끼놓고 얼른 콤푸타 열어 오징어 해부도를 찾아봤다 카이. 눈깔 붙은 가운데 부분이 대갈빼이고, 대갈빼이 밑에 달가지, 대갈빼이 우에 몸띵이네. 내가 대갈빼이로 알고 있던 데는 하이고야, 달가지인 기라.

달가지도 글타. 열 개라 카는데 그기 다 달가지는 아이고,

지다란 거 두 개는 폴모가지라 쿤다. 그거를 쭉 뻗어 지 묵을 거를 콱 움키잡는 기라. 그라모 나머지가 달가지라꼬? 짜드라 그리 생각할 수도 있기는 한데, 그것도 아인 기라. 그중 하나는 교접완이라 쿠나 머라 쿠나…. 말하기가 쪼매이 부꾸럽구마는, 그기 수컷 거시기, 엉? 하모, 맞다. 생식기! 바로 그 생식기 역할을 하는 기란다. 무신 외계인도 아이고, 희한한 짐승인 거는 분명한 기라.

가만 본께네, 오징어 수컷이 인간 사내를 닮은 게 있다면 거시기가 다리 사이에 있다는 기라. 즈그는 자랑시리 생각할지는 몰라도 우리 여자들 보기에는 고마 위험한 물건 같은데, 위험한 거는 달가지 사이에 숨카 놓는 기 수컷들 본능인 모양이제.

오징어는 자웅이체雌雄異體라는데, 간단하게 말하믄 암놈 수놈이 붙어묵어야 새끼 깐다는 말이다. 교미기의 수놈은 오른쪽 네 번째 달가지 끝 흡반이 실실 바꿔가꼬 거시기가 된다 쿠나 머시라 쿠나. 별 문디 같은 일도 다 있제. 그래가꼬 짝짓기를 할 때 정자를 암컷의 수정낭으로 보낸다 쿤다.

언제더라. TV에서 해저생물 프로를 본 적이 있제. 그때 오징어 수놈이 암놈 꼬시는 거 봤다 아이가. 수놈이 오만 가지 색깔로 빛을 내면서 암놈한테 다가가는데, 꼭 인간 수컷이 아가씨 꼬실락꼬 넥타이 매고 구두 광내고 대갈빼이에 무스 발라 반짝거리면서 폼 잡는 거 하고 비슷한 기라.

암놈에게 가까이 갈수록 더 반짝거리는데 그기 가마이 보므는 인간이 딸아들 환심을 얻을락꼬 하늘에 별도 따준다는 화려한 말장난하고 같은 기제. 택도 없는 소리를 믿는 순진한 딸아는 또 뭐꼬.

여자를 꼬드기는 수컷의 진정성 없는 말 뒤의 속셈엔 뭐가 있겠노. 한마디로 시꺼먼 먹물이 가득 들어 있는 기라. 지욕심 채우고 나면 먹물을 뿌리고 내 몰라라 숨어삐는 기 수컷들 속성 아이가. 그리고 다리 사이에 또 다른 다리를 숨기고 여자를 실실 물색하는 음흉한 종種 수컷은 인간이든 오징어든 별반 다를 게 없다 아인가베.

오징어 암컷은 또 와 그리 한심할꼬. 수놈은 주로 성적으로 미숙한, 그라이께네 인자 겨우 사춘기밖에 안 되는 어린것을 노리는데 어린거 좋아하는 건 우찌 그리 인간을 닮았을꼬.

암놈을 발견한 수놈은 한층 더 요란한 빛을 내면서 열 개의 팔다리를 번쩍 들고 암놈 앞을 빙글빙글 돌면서 정신없게 맹글어 놓는 기라. 그라믄 철없는 암놈은 뭐가 뭔지 저항 한 번 못하고 수컷의 영역으로 끌리간다고 안 카나. 가는 도중 거시기로 쓰는 교접완을 슬쩍 뻗쳐서 암놈의 몸안에 정자를 방사하면 끝이제.

암놈은 입 가장자리 수정낭에 정자를 저장해 나았따가 성숙해지믄, 그란께네 소녀에서 처녀쯤 되고 나믄 알 낳고 꼴까닥한다 쿤다. 그기 꼴랑 일 년이라꼬 안하나. 미치고 폴딱 뛸 일이제. 인간으로 친다 카믄 철없는 시기에 속 시꺼먼 남자의 꼬임으로 임신을 했다가 자식 하나 낳고 버림받는 꼴 아이가. 남자들의 속이 시커멓다는 표현은 오징어 수컷한테서 온 기 맞는 기라.

오징어해물파전? 묵을 생각 싹 사라짓뻿다. 오징어를 랩에 둘둘 말아 냉동실에 집어 던지뻿다 캐라.

나중 손녀가 자라 처녀 되믄, 시꺼먼 먹물 가득 찬 사내들 조심하라고 갤차줘야겠구마는.

# 바게트빵과 마녀 빗자루

　크리스마스가 낼모렌데 점포 앞에 별을 단 소나무 한 동가리도 보기 어렵다 아이가. 머라꼬? 아 문디, 소나무나 트리나 그기 그거지 머. 그라고 그 머라 카노? 콧잔디가 뻘건 사슴 말이다. 그래, 루돌프! 그거 나오는 노래가 캐럴 아이가. 그래, 요새 참말로 캐럴 듣기가 쉽지 않데이. 경기가 어렵다 쿠드마는 연말이 얼어붙었는갑다. 올해는 정치판까지 시끄러버싼 게 더 그런갑제.

얼매 전, 길 건너에 있는 교회에서 크리스마스 트리를 봉께 캐럴도 없이 반짝이는 기 우째 허전터라 카이. 수년 전만 해도 점방마다 반짝이는 트리와 스피커에서 나오는 캐럴을 들으면 코도 씰룩, 어깨도 씰룩거리며 궁디까지 흔들그리쌓는데 말이다.

엊그제 이름 쪼메이 있다 카는 빵집에 가 본께네 와, 참 희한하데. 트리 모양의 쿠키와 빵, 양말 모양의 쿠키, 산타가 모자를 쓰고 케이크 위에 앉아 있더라꼬. 장삿속이 멀거이 해갖고 보기는 좋더라마는.

그란데 그 매장에 쌓아놓은 바게트빵 안 있나. 그거 본께나 예전에 읽었던 서양 이바구가 생각나가 혼자 실없이 웃었다 아이가. 바게트빵 그기 물건이라 안쿠나. 뭔 물건이냐고? 한마디하면 척 알아묵으라. 남자 거시기 말이다. 그것을 본 따 만든 기라 쿠네.

태양이나 지팡이, 막대기는 남성의 상징이라 카는데, 바게트(baguette)는 프랑스어로 막대기라는 뜻이라고 하드마는. 요즘 프랑스에서는 남성 생식기 모양을 그대로 본뜬 '바게트 매직'이라는 빵이 유행이라 카데. 성적으로 개방된 문화를 가진 나라답제? 글타 캐도 좀 숭시럽데이.

남성 상징 중에 마녀의 비짜리도 있는데, 머시라? 고마 비짜리 카믄 빗자루로 알아들으라케라. 비짜리는 마녀들의 교통수단이기는 하지만, 이기 또 웃기는 물건이거덩. 잘 안 뿔라지는 서양물푸레나무로 맹근 지다란 자루는 남자 거시기를 뜻하고, 그 뒷부분에 잔가지들로 만들어진 브러시는 음모라쿠네. 상상력 징글징글하제? 그래가꼬 크리스마스 캐럴이 징글벨로 시작하는 거는 아이겠지만, 우쨌거나 비짜리는 비밀의 문을 여는 열쇠라 카데. 뭘 여냐고? 음…. 말할라 카이 부꾸럽구마는. 말 안캐도 알것지 머.

그 비짜리 이바구는 마녀들의 환각적 상상 속에서 나왔다는 말도 있거든. 사바트 축제라고 들어봤나? '그랜드 사바트(Grand Sabbat)'라 카는 긴데, 악마들의 축제라 쿠데. 사람들이 악마의 복장을 하고 난잡한 축제를 벌인다꼬 사탄의 축제라 칸다고 안하나.

마녀라 카마 떠오르는 기 뭐꼬? 주술을 극대화시켜 주는 이상한 약물 아이가. 영화 보믄 뱀의 피에다가 무슨 통에다가 이상한 풀을 마구 넣어서 맹글던데 그건 그냥 영화고, 과

학자들은 히로뽕 같은 약물이라고 한다 카데.

　속칭 뽕이라 카믄 향정신성 환각제라는 거 다 알제? 마녀들 파티에 이 환각제 묵고 비짜리로 자위하믄 흥분을 느끼면서 하늘을 날고 있는 거 가튼 황홀감에 홀라당 빠지는 기 비짜리 전설이라 쿠네.

　우리나라도 비스무리한 이바구가 있제? 비짜리가 변한 도깨비나 몽달귀신 이바구 말이다. 싸리 비짜리를 오래 나뚜믄 몽달귀신이 된다고 안 하나. 그래서 그 대응하는 법도 있구마는. 귀신이 나오믄 눈을 우로 치키보지 말고 알로 내리깔아라 쿤다. 치키보마 볼수록 한없이 커지고, 내리보믄 작아지는 게 비짜리 귀신이라카데. 비짜리가 오래되면 도깨비가 된다 캐서 이적지 시골에서는 오래된 건 안 세우둔다꼬 하더만은.

　우짜든 간에 세우놓으모 천방지축 도깨비가 되는 기나 눈코 없이 나대는 몽달귀신처럼 되는 거는 비짜리든 뭐든 어째 수컷들 거시기하고 비슷하다 카이. 그라이까 느그도 말이다, 싸가지 없는 사내들이 그랄 때는 아래로 내리깔아가 발로 팍 찼삐랐꼬.

그건 그기라 치고, 크리스마스도 다가오는데 산타크로스 할배에서 인자 낫새묵어서 못 오겠제. 콧잔디 뻘건 그 사슴이라도 바리바리 웃음을 싸 들고 와가 우울한 우리나라에 확 뿌리주고 가모 얼매나 좋겠노.

# 절정
―매미의 항변

　느그 말 한번 잘했다. 우리 때문에 시끄러바서 잠을 못 자겠다 캤나? 오이야 그래, 오늘 말 나온 김에 팔 걷어붙이고 오지게 한 번 따져보자 카이. 아이고 귀도 밝다야. 어느 할 일 없는 인간이 우리 울음소리를 재 봤다카노. 뭐라 70데시벨? 한밤중에 진공청소기 수준이란 말이제.

　그래서 잠을 못 자는 기 우리 탓이라 그 말이가? 느그만 밤에 자는 줄 아나. 우리도 밤에는 자야 한데이. 느그 멩쿠로 술 마시고 시끄럽게 코 골믄서 대짜로 뻗어 자는 것도 아이고 나무에 붙어서 얌전하게 잔다 아이가.

　그란데 와 밤에도 우냐꼬. 요새 도시에 밤이 밤이가? 우리 매미들은 빛이 있으믄 우짜든 간에 짝지를 찾아서 후세를 생산해야 된데이. 그런데 오밤중에도 빨갛게 불 밝키고 대낮처럼 맹글어 놓으믄 우리가 우찌 잘 수 있겠노. 해가 지고 어두워지믄 자는 거는 하늘의 섭리란 말이제. 안 자고 불 켜 놓고 느그는 와카는데?

　우리사 오늘 뒤질지 내일 뒤질지 모르는데 얼른 짝짓기해서 새끼를 까야제. 날개 달고 성충 돼서 사는 거, 길어야 한 달이고 짧으면 일주일인데, 그것도 제 명 다해야 그 정도 아이가.

　땅속에서 나무뿌리에 붙어갖고 맛도 없는 수액을 빨아 묵으믄서 짧으믄 3년 길믄 7년을 컴컴하고 축축한 데서 와신상담하는 우리를 생각해봤나? 영화 〈빠삐용〉 봤으면 알것네. 평균 7년을 빠삐용처럼 살다가 겨우 땅 우에 올라와서 날개를 달믄 일주일이나 살똥말똥하믄서 딱 한 번 짝짓기한다. 그라고 꼴까닥이다. 그 한 번의 절정을 위해서 7년을 기다려 온 세월을 인간들이 어이 알랑가.

절정　29

그나마 짝짓기한 놈은 선택 받은 놈인 기라. 땅밑에서 어둡게 살다가 나무 타고 올라가서 허물 벗는데 서너 시간은 족히 걸린다 카이. 겨우 벗은 허물이 딱딱할 때꺼정 마르는 데는 또 서너 시간은 걸리제. 날개가 말라야 짝을 찾아 날거 아이가. 그 시간 동안 뭔 일이 일어날지 모른다꼬. 허물 벗고 짝지를 만날 생각에 들떠 있는디, 문디 같은 개미들이 떼로 몰려와서 즈그 식량 창고로 달랑 업어가제. 참새들이 낚아채서 한입거리로 전락하제. 찌르레기, 들고양이 같은 것들은 우리 올라가는 길목을 또 지킨다 아인가베.

이래도 우리가 밤에 우는 기 그리 못마땅하나. 머락꼬? 아침 일하러 가야 하는데 밤잠 못 자믄 지장 있닥꼬? 인간들이 세상에서 젤 독하고 이기적이라 카드마는 보이께네 진짜 그렇쿠만은. 하여튼 인간이라 카는 동물들은 염치도 없는 기라.

느그들은 조물주한테 감당키 어려운 선물 받은 족속들 아이가. 까놓고 함 이바구해 보까. 느그는 죽을 때꺼정 짝짓기 몇 번 하노? 마음만 묵으믄 장소 안 가리고 시도 때도 없이 한다 아이가. 머가 겁나서 오밤중에 불 밝히고 숨어서 한단 말이고.

느그 민망하믄, 그만한 염치라도 있으믄 우리하고 입장 바꿔 생각 쫌 해 주믄 안 되겠나. 장마 끝나고 여름 지날 때꺼정 다 해봤자 한 달이다. 그 긴 세월을 땅속에서 견디다가 죽기 전에 딱 한 번 불사르기 위해 울어쌓는데 그기 그리 아이꼽나? 하이고야, 정이란 눈꼽맨치도 없는 것들.

만약에 조물주가 느그하고 우리하고 바꿔 살라 카믄 기분이 어떻겠노? 아마도 날밤 새가며 주특기인 데모할 끼구만. 머리에 빨간 띠 두르고 떼거리로 몰리 가서 조물주 물러가라! 부르짖것제. 그래도 우리는 조물주 원망 안 하고 조용히 살았다 아이가. 한 달 그거 쫌 못 참나. 아이믄 밤에 몽땅 불 끄고 자빠져 자든가.

이때껏 우리가 터 잡고 살던 땅에 밀고 들어와서 오밤중에도 훤하게 우리 가슴에 불질러노꼬 절정을 강요한 기 도대체 누고? 단 한 번의 절정을 위해 인고의 기다림으로 오늘에 이르렀는데 졸지에 참새, 개미떼들에게 허무하게 사라진 생이 또 얼마나 많노. 그 험난한 과정을 뚫고 살아남은 몇몇이 다음 생을 위해 울어쌓는 게 가엾다는 생각은 안 해보나? 인간들아, 제발 같이 살자. 싫으믄 불 좀 꺼주라이!

# 기찻길 옆 오막살이

　　　　기차를 많이 타본 것도 아임시러 기차 이바구할라 카이 쫌 부꾸럽구마는. 기차 타는 거 억수로 좋아하문서도 그랄 입장이 안 됐께네, 누가 기차 이바구만 하믄 내 귀가 거 촐싹 올라붙는다 아이가.

　오늘 모임에서 호야 할매가 웃기쌓는 기차 이바구를 해쌓는데 내사 마 배꼽빠질까 시퍼서 배를 잡고 똘똘 구부릿다 카이.

울 어무이 세대는 얼라도 억수로 많이 놓았는 기라. 유달시리 얼라들이 많은 동네가 어덴고 아나? 기찻길 옆동네라 쿠네. 뭐 어느 유식한 사람이 연구했따 카는데 기찻길 옆동네는 다른 마실보다 얼라들이 많타꼬 안하나. 머 참말인지 아인지는 모르것다마는, 어데 학자라는 양반이 할 짓이 없어 그런 거짓말했겠노.

생각해보이 빈말은 아인 기라. 곤하게 자고 있는 새복에 기차가 꽤액, 하고 기적소리 울리싸믄 그 소리가 울마나 크겠노. 옛날 증기기관차 기적소리는 돼지 멱따는 소리 저리 가라 카더라 아인가베. 그것도 하필이믄 새복에 용심부리는 맹크로 동네를 지나믄서 울리쌓께네 자다가 깬 부부들이 잠이 안 오믄 뭐하것노. 뻔한 거 아이가.

웃목에 얼라들 줄줄이 늘어 자는데 한 놈이라도 깼는가 눈치 보문서 천지신명이 인간에게 씨 뿌리라고 준 절구에 후덕한 방아를 찧는 거제. 그냥 썩힐 수 있나 말이다.

한번 상상해 보그래이. 기찻길 옆에 사는 사람들은 그기가 좋아서 살겠나. 갈 데 없어 판자 얽어놓고 사는데, 집이라 캐봤자 바람만 불어도 흔들거리는 칸막이집 아인가배. 기차가 꽥, 소리지르면서 지나갈 때는 흔들흔들하제. 그란데 쪼께이 있어봐라. 이 집이 흔들, 저 집도 흔들, 그래가 역사는 새복에 시작되는 기라.

아침 돼 바라. 학교 간다꼬 가방 메고 나오는 얼라들이 철길 따라 한 줄로 줄 서서 가는 기 장난 아인 기라. 거 다 언제 만들었겠노. 기차가 지나가문서 소리 지를 때 놀래가꼬 일어나서 만든 얼라들이겠제. 그래서 그런가 기찻길 옆 얼라들은 목소리도 기차 화통 삶아묵은 거매로 대차다고 안쿠나.

생각해 보이께네 그기 참 일리가 있는 이바군기라. 들을 때는 농으로 들었제. 글치마는 곰곰이 생각해봉께네 딱 맞는 이바구라 카이. 아인 기 아이라 젊은 부부들이 새벽잠에서 깨믄 그 시절에 뭐했겠노. 부부가 사랑을 나누는 행위는 자슥새끼 낳는 기 우선이지마는 또 한편으로는 그기 또 부부간 최고의 재미고 행복 아이겠나. 하루 벌어 하루 묵고 산다꼬 정신없는데 여행을 가겄나, 극장을 가겄나. 고마 마누라 손이나 슬금슬금 잡아땡기서 방아타령하는 기 최고 오락 아인 가베.

느거 "기찻길 옆 오막살이 아기아기 잘도 잔다."라는 동요 알제? 와 잘 자락꼬 토닥거리쌓는지 이제 알것제?

　말이사 바른 말이지, 요새 시상이 기차가 더 필요한 거 아이겠나. 인구부족으로 온 나라가 얼라 마이 놓으라꼬, 놓기만 하문 양육수당에 교육수당 얼마씩 준닥꼬 권장 모드로 들어가는 판 아이가. 그라지 말고 동네마다 철길을 깔아주가 기차를 달리그로 맹그러 주마 우뗗겠노? 사부작사부작 소리도 없이 날라다니는 케이티엑스 그런 거 말고 증기기관차를 턱 가따 놓는 기라.

　딱 봐도 시커먼 앞 주디가 둥글둥글하고 기다란 기 힘 좋은 방아처럼 안 생기뺐나. 그런 기 새복부터 허연 김을 칙칙 폭폭 뿜으면서 내달리믄서 소리를 질러대는데 우찌 안 깨고 배기것노. 눈 떴으믄 백성도 늘리고 애국해야제.

　기찻길 옆에 아파트를 마이 지이가 신혼부부들은 10년쯤 공짜로 살게 맹기는 기라. 그래 놓고 새복마다 화통소리 꽥꽥거리는 기차 서너 번만 왔다갔다하게 맹글마 간단한 거 아이겠나. 싸우다가 잠들었다 캐도 기차가 소리 한 번만 지루모 눈 뜨고 내친김에 손도 잡고 화해도 하고 부부 금슬이 더 좋아질지 우찌 아노. 게다가 늦둥이라도 놓는 날이므는 가정의 평화요 나라에 애국이니 이거 권장해야 되는 거 아인가베.

　그래그래, 고마 쪼매이 싱거분 농 한 번 해봤데이. 요즘처럼 팍팍한 세상 이래 안 웃으믄 언제 웃겠노. 우리 토영에도 머잖아 기차가 다닐 예정인께나 인구가 늘어날랑가 기대해보꾸마. 기차 만만세다.

# 내 쫌
## 만지도[*]

보거래이. 느그 만지도晩地島라 카는 섬 이름 들어봤나? 주변 섬보다 사람들이 늦게사 정착했닥꼬 만지晩地에서 비롯된 말이라 카네. 거를 갈라 카모 토영 달아항에서 배를 타가꼬 연대도로 들어가가 출렁다리를 건너모 쪼갠하이 이뿐 섬이 만지돈 기라.

---

[*] 만지도−통영 산양읍 소재.

연대도 들어가는 배를 타모 말이다. 선장이 마이크 잡고 이바구해 주는 기 그리 구수할 수가 없는 기라. 연대도와 만지도를 이어주는 다리를, 연대도에서는 '연대도 출렁다리'라 쿠고, 만지도에서는 '만지도 출렁다리'라꼬 부름시러 기싸움이 있었다고 안하나. 그래가 다리 이름을 새로 짓는데, 이름이 머시냐꼬? 믿거나 말거나 '가운데 다리.'라 쿠네. 암만, 선장이 손님들 웃길라꼬 지가 그리 진 기라. 진짜 이름은 '조은다리'라코 안하나. 머 조은다리나 가운데 다리나 그기 그거 아이것나. 유람선 선장할라 카모 요 정도 유머감각은 필수제.

요기 사는 사람들도 인자 섬하고 같이 낫세들어가는 중이란 말일세. 젊은아들은 줄어들고 할배·할마시들이 해송처럼 수평선바라기 하는 동네 아인가베. 젊은이들이 많으모 섬도 생기가 팔팔할 낀데 늙은이만 보이께네 억시로 허전해 보이는 기라.

늙는다는 기 자연이치이기는 하지만 서글픈 거는 만사에 둔감해지는 거 아이것나. 심장 펄펄 뛰는 기대감도 없고, 목숨 걸 만한 사랑의 욕구도 하마 시들하고, 우짤 때는 주변에 사람마저 귀찮을 때도 있다 카이.

　마, 글타 캐도 사람이 죽은 기 아이고 목심이 붙어 있으믄 아직은 심장이 뛴다는 말 아이가. 심장이 뛴다 카는 거는, 보고 듣고 냄새 맡고 손에 느끼는 감촉에다가, 또 머시라 카드노? 그래 제 6감, 식스센스 말이다. 그 느낌도 아직은 살아 있는 기라.

　살아 있는데 와 죽은 척해야 하노. 영화 〈죽어도 좋아〉 봤더나? 목에 주름 지고 손등에 검버섯 핀닥꼬 감정에 주름지고 버섯 피는 거 아이데이. 심장이 펄떡거리고 아직은 피가 끓는닥꼬. 거 머라 카노, 그래 스킨십이 필요하다 아이가.

　머, 꼭 손으로 만지고 쓰다듬어싸야 만지는 기가. 정이 뚝뚝 넘치는 눈으로 바라도 봐주쌓고 살가분 이바구해쌈시 손 잡고 가운데 다리를 건너모 을매나 좋것노.

　살아온 세월, 응성시럽던 시절도 따뜻하이 만지주고, 식어가는 가심도 말 한마디로 포근하이 쓰다듬어 주믄 식었던 감정이 뭉클하게 살아난다 카이. 젊은 느그가 느끼는 거 우리도 못 느낀닥꼬 생각하지 말그래이. 느그는 손 잡으믄 손에 땀나고 우리는 손에 땀 안 나는 줄 아나? 머스마 가스나 만나른 가슴 뛰제? 우리도 심장 벌렁거린다 아닌가베.

  안다, 알아. 이제 봄날은 다 갔제. 내가 그거 모리고 하는 이바구 아이다. 나이 묵을 만큼 묵어가꼬 무신 망발이고 칼 지도 모르겠다마는 이거 하나만쿰은 알아도라. 나이 묵어도 감정은 늙지 않는 기라. 주름 푹푹 패이고, 검버섯 늘어가믄 육신의 좋은 계절 다 가는 기 맞제. 글치마는 감정에는 주름 안 간다는 거 느그도 나이 묵어 보믄 알 끼다.

  요새 연대도와 만지도 사이에 가운데 다리가 생기고부터 젊은 아들 끼리끼리 손잡고 마이 안 오나. 갸들 보믄 우리도 덩달아 젊어지는 기라. 탱탱한 피부에 반짝거리는 눈으로 우스믄서 인사해주믄 그기 우리한테는 어루만지주는 기나 마찬가지데이. 눈부시던 청춘 그 옛날로 돌아가는 느낌 말이다. 그런 기분 들믄 동네 할마시들과 조개 캐러 가는 지겨운 길도 즐거븐 기라. 거 어느 시인 양반이 우리 동네 이름 갖고 시를 썼다 아인가베.

  은근슬쩍 만져야 깨어나는 섬이 있다./ 응큼 혹은 음흉도 재미라면 재미니 이름 따라 만지도./ 만지도길 걷는데 우루루 회취會聚

나온 할매들,

　　　　　　　　　－〈난중일기 8〉-만지도晩地島 이달균.

다들 오이라. 출렁거리쌓는 가운데 다리 건너도 보고 만지쌓고 부비쌓고 정들어 가믄서 살아보자카이. 느그 와서, 내 쫌 만지도!

# 도구통
# 이바구

 느그 백결 선상이라고 알제? 신라시대 때 경주 낭산狼山 밑에 살았다는 가야금의 달인이라 카던 그 백결百結 말이다. 그 양반 본시 세상일에는 초연했던 사람이제. 가랭이가 찢어질 만큼 가난해가꼬 쪼가리로 옷을 깁고 또 기버가 빠꼼한 틈이 없었다 쿠네. 백 번쯤 기버 입은 거 맹크로 보인다꼬 캐서 사람들이 백결 선상이라고 불렀다고 안 카나.
 어느 해 설을 맞이해가꼬 이웃에서는 음식 준비함시러 도구통에 곡식 찧는 소리가 고막을 두디리 쌓는 기라. 동네사람 니도 내도 찧어쌓는 데 우찌 신경이 안 씨이겟노. 머시라? 도구통이 머시냐꼬? 문디, 절구통 아이가.

시끄러버도 흥이 나는 소리가 방아 소린데 백결 선상 집에는 곡식은커녕 쥐새끼 물어가다가 흘린 좁쌀 한 톨도 없는 기라. 그카이 마누라가 을매나 설븟겠노. 마누라가 설버하이께네 백결 그 양반 좀 안심찮했던 기라. 사람이라 카믄 와 안 글켔노. 그란데 가진 재주라꼬 해봤자 깽깽이 타는 재주밖에 더 있나. 선상이 깽깽이로 희한하게 방아 찧는 소리를 만들어내 갖고 마누라를 위로했닥 쿠네. 그라고 보믄 그 사람 깽깽이 하나는 귀신 뺨치는 솜씨인 기라. 그 가락이 〈방아악〉으로 후세에까지 전해져 오고 있다 카는 거 아이가.

옛날에사 백성들이 배곯지 않는 날이 별로 있나. 하루 세 끼는 언감생심이제. 두 끼만 해도 감지덕지지만 그것도 비름이나 소나무껍질 벳기가꼬 보리나 좁쌀 한 줌 넣고 멀거이 끓이가 하루 한두 끼 채웠다 아이가. 그나마 겨울을 나고 봄이 되마 묵는 날보다 굶는 날이 많았제. 아이고 문디, 보릿고개 그거 사람 잡는 고개 아인가베.

음력 3~4월 요때가 사람 더 잡는다 카이. 지난해 가실 곡식은 다 떨어지고 보리는 이제사 올라오는데 묵을 꺼는 없고 우짜것노. 덜 자란 나물을 뿌리째 뽑아내고 소나무 속껍질을 벗기가꼬 도구통에 찧어서 보리나 밀을 쪼매이 넣어 묽은 죽을 쑤묵었단 말이제. 죽이라 캐도 나물뿌리나 송기 그거 소가죽매로 질긴 거 다 안다 아이가. 그기라도 묵을 수 있던 거는 바로 도구통이 있응께네 가능했던 기라.

그란데 그리 배를 곯아도 인간들 상상력은 끝도 없다 카이. 뱃가죽이 등빼기에 달라붙어도 팔 베고 누워 휘이 밝은 보름달을 봄시러 옥토까이가 도구통 찧는 상상을 했으니 긍정적 상상력을 가진 민족인 거는 분명하단 말이제.

뭐 꼭 남자들 속 응큼한 거 말할 필요는 없구마는. 딱 봐도 안 그렇나. 방아질은 그 생긴 모양이 남녀의 행위를 상상크로 안하나. 그런 쪽으로 속담이 요래조래 많은 거 보문.

"절구에 치마만 둘러도 좋아한다."는 말은 여성을 절구에, 남성을 공이에 비유해서 상상하지 않으면 나올 수 없는 말 아이가.

"돌확에 길이 나야만 절구 맛을 안다."는 말도 마찬가지데이. 납딱한 돌에 구멍 파서 곡식 담고 둥그런 돌로 찧거나 갈아낸단 말이거든. 부부 잠자리가 뭔지도 모르고 시집간 여인이 성생활의 즐거움을 제대로 알라 카믄 우둘투둘한 돌확이 닳아질 시간이 흘러야 된다 카는 말씀인 기라.

〈심청가〉에 나오는 판소리 사설 〈방아타령〉 들어봤제? 고무신 신고 뻘밭 걸어가는 거처럼 질퍽하다는 느낌 안 들더나? 심청이 인당수에 빠진 뒤의 이야기는 서럽기 짝이 없제. 그 뒤 심청이 살아나서 전국 장님잔치를 베푸는 대목으로 넘어가믄 심 봉사가 잔치에 가다가 동네 아지매들 하고 이바구를 주고받는디 이 대목이 〈방아타령〉이란 말다. 머 판소리 사설이라 카는 거는 시대에 따라 가사도 조금씩 변하는디, 신재효의 사설을 보믄 요래 나오거든.

> 일두속상가옥斗粟尙家沃은 형제간에 찧는 방아/ 풍편수성침風便數聲砧은 강촌 어부 찧는 방아// 월중 단계하月中丹桂下에 토끼 찧는 약방아/ 이 방아 저 방아 다 버리고 울침침月沈沈 야삼경夜三更에/ 우리 님 혼자 와서 가죽 방아만 찧는다.//(중략)
> －심청가, 신재효 판소리 사설 집스, 보성문화사, 1978. pp. 241-243.

부자한테 도구통이란 배에 기름칠 더하는 풍성한 도구였제. 하지만 바쿠벌레 뒷다리에 붙은 밥따까리도 떼어 묵을 가난한 백성들한테는 배때기를 채울 꺼리를 만들어내는 마술 같은 도구였든 기라. 그기 장작개비 씹는 거 같은 풀뿌리죽이나 소가죽 빠는 거 같은 송기떡이문 우떻노. 한 끼를 곯지 않고 채운다는 기 중요하다 아이가.

그리 곯다가 머 하나 씹어삼킸다고 팔 베고 누우가꼬 달을 봄시러 방아 찧는 상상을 해댄께네 곡식도 없는데 얼라새끼는 자꾸 늘어간다. 아이고, 참말로 기가 막힐 일이제. 우짜것노. 번식은 하늘이 준 사명인데. 묵었으믄 방아도 찧어야제. 암, 멕이주고 본능을 일깨우는 상상까지 자극해준 도구통이 사말로 진짜 고마운 물건 아이겠나. 도구통 만세지 머.

# 몰캉한 게
# 홍어라 카대

　느그 들어봤제? 만만한 기 홍어X이라는 말. 몇 해 전, 대선 때 ○○당 공동선대위원장이 "국민을 만만한 홍어X으로 보나!" 그리 말해 가지고 신문방송에 말캉 도배질하고, 장바닥에 홍어 씹는 소리 요란했다 안카나. 머시라? 홍어X이 뭐냐고? 별로 그라나, 진짜 그라나. 아 그거는 그거 아이가? 수놈 거시기 말다. 인자 알긋제?
　어떤 기 수놈이냐고? 그라이까 그기 머라 캐야 되노. 홍어는 말이다. 마름모꼴의 몸 끝에 꼬랑댕이가 있다 아이가. 그 꼬랑댕이 양쪽에 짤막한 꼬랑댕이 두 개가 더 있는데 그기 바로 홍어 거시기란 기다.

그라이까 만만한 기 아이제. 우리 갱상도에서는 만만한 기 아이라 몰캉한 기라꼬 해야 맞제. 몰캉한 기 홍어X라는 말이 뭔고 하믄 말이다. 홍어는 수놈보다 암놈이 비싸다고 안하나. 암놈이 크기도 하지만 살키가 훨씬 부드럽고 더 맛있다 쿠대. 사람도 여자 살키가 더 부드럽제. 그라다 보이께 시장의 홍어장사꾼 중에 양심불량인 사람은 더러 홍어 거시기를 잘라삐고 암놈으로 속여 팔았다 칸다.

또 괴기시장에서 일하는 사내들은 한 잔 걸치고 싶으면 아무 가게나 가서 주인이 보든 말든 홍어 거시기만 뚝 잘라 간다고 안하나. 물괴기 전 주인이사 알고도 모른 척하믄 그뿐이고, 그래서 아무나 떼다가 술안주해도 되는 몰캉한 기 바로 홍어 거시기라 해서 생긴 말인 기라. 또 다른 설도 있제. 홍어 거시기에 가시가 달려 어부들이 그물작업하기 불편하닥꼬 올라오는 족족 잘랐삣는데 그래서 생긴 이바구라는 설도 있다 쿠네.

홍어는 보통 호남 지방에서 잡히는 가오릿과 대형 물괴긴데, 우리 갱상도 지방에서는 보기 에럽제. 가오리하고 구분 잘 안 가기는 하는데, 일단 가오리보다는 크다. 그라고 주딩이가 뾰족함시러 긴기라. 요 종자를 깨끗이 씻어 갖고 단지에 짚새기를 깔고 20~30일 정도 삭히믄 홍어 껍질에서 하얀 진이 나온다고 안하나. 그라믄 잘 삭은 기제. 홍어 쫌 만지 본 사람들은 냄새만 맡아도 삭혀진 정도를 딱 안닥 쿠네.

삭힌 홍어를 처음 먹는 사람은 마 욕 좀 본다. 암모니아 냄새가 지독 안하나. 처음에는 삼키기도 어렵지만 한번 맛들이면 갱상도 사람도 사족을 못 쓰는 기라. 그만큼 중독성이 강하다 쿤다.

내도 홍어회를 즐겨 안 묵나. 김주영 소설 ≪홍어≫를 읽고 난 후부턴 기라. 십여 년 전부터 전주 모임에 가믄 근사한 한식집에 초대 받아 가는데 꼭 홍어회가 나왔거덩. 첨에는 다 내꺼였는데 이제는 내 모가치가 자꾸 줄어드네. 요새는 아예 홍어회를 사다 먹는다 아이가.

혹시 느그 홍어를 해음어*海淫魚*라고 부른다는 거 알고 있나? 글자 그대로 색을 밝히는 음탕한 바다괴기라는 말이다.

정약전 선생이 흑산도에서 유배생활을 할 때 그곳 물괴기들을 관찰하고 기록한 ≪자산어보玆山魚譜≫에서 홍어를 요래 말하고 있거든.

"홍어 암컷은 먹이 때문에 죽고 수컷은 간음 때문에 죽음을 당하게 되는바, 음淫을 탐내는 자의 본보기가 될 것이다."

이기 무신 말인고 하믄 말이다, 요새는 그물이나 주낚으로 잡지만도 옛날에는 어부가 일단 홍어 암컷을 잡으면 묶어서 바다에 도로 집어넣었다 카네. 그라믄 수컷들이 쌔가 빠지게 달리와 갖고…, 아이제, 헤엄치서 와갖고 즈그 생식기를 암컷의 거시기에 쑥 넣는단 말이다. 그란데 수컷의 생식기는 가시가 달리 갖고 잘 안 빼진단 카이. 그라믄 어부는 암컷을 끌어올려 무식하게 수컷을 손으로 확 잡아채고 암컷은 다시 바다에 던져 넣는 기라. 결국 종일 수놈에게 시달리다 보믄 암컷은 죽는다꼬 안하나. 인간종자나 홍어종자나 암내만 맡으문 고마 눈깔이 해까닥 뒤집어지 갖고 달려들다가 골로 가는 수컷들은 참 대책 없는 종자다. 우짜든가 일부일처제를 이루는 홍어 암컷의 입장에서 보면 원통 절통할 일이제.

솔직히 말하믄 나는 해음어라 말하는 정약전의 생각이 인간 관점에서 한 말이라꼬 생각한다. 아, 홍어야 번식할라꼬 하는 자연스러운 행위 아이가. 괜히 암놈 하나를 미끼로 수놈들을 유혹해서 양쪽을 망가뜨려놓고 홍어가 음탕하니 어쩌니 하는 거는 좀 글타 그제? 인간도 가스나 혼자 있으면 머스마들이 우짜 해볼라꼬 꼬이는데 그거는 모든 동물이 다 똑같은 기라. 그래서 나는 홍어를 해음어라고 부르는 것에 동의 안 하구마는.

웃기는 생각이 들어 찾아본께네 수놈 생식기는 두 갠데 암놈은 하나라 쿠네. 홍어 수컷은 거시기가 왜 두 갠지, 우짜든 간에 인간 수컷들이 탐낼 만도 하긋다, 그자?

내 마지막으로 한마디하는데, 수컷들 조심하거래이. 요즘 여자들을 홍어멘쿠로 몰캉하게 봤다 카모 골로 가는 수가 있다 카이.

# 솥 때우소
# 냄비 때우소

"솥 때우소, 냄비 때우소, 지나가는 ○○○ 얼굴 때우소."

얼라들이 등에 땜통 맨 땜재이가 지나가문 뒤따라가며 을매나 까불어쌓고 놀리쌓는지 모린다. 내 어릴 짝 길가서 자주 보던 기제. 암시롱, 생각하이께네 그기 또 무신 추억이라꼬 눈앞에 아슴하네.

옛날에는 우리 밥상에 올라오는 그륵이라 쿠능 기 다 신쭈

밥그륵에 국그륵 그렁 거 아인가베. 신쭈가 머시냐꼬? 놋쇠 말이다. 그기 일본말로 신쭈라 캤는데 고마 갱상도 사투리매로 됐뿟다 아이가.

구리에 주석, 아연, 니켈 같은 거로 섞어가꼬 만든 그륵을 유기그륵이나 놋쇠그륵라캤제. 이 놋쇠그륵이라 쿠는 기 쓰고 나믄 손이 엄청 시리 가는 기라. 시퍼러딩딩하이 녹이 쓸 머는 시어머이 눈치 보이제. 그라모 따까야 되는데 내는 이거 딱는 기 죽기보다 싫었다 카이.

아궁이 재를 긁어내가꼬 물 묻은 볏짚세기에 묻치가꼬 빡빡 문지르믄 꺼먼 물이 나믄서 반짝거리는 기 보기는 참 좋더마. 글치마 몇 개 따꼬 나먼 허리·어깨·팔 다 빠진다 아인가베.

이기 한 달이 멀다 카고 따끌라카이께네 보통 일이 아이제. 그란데 1960년대 미군들이 들어오믄서 양철하고 양은 이런 기 들어왔다 아이가. 양철하고 양은은 은색이 나는 얇은 철판인데 가볍고 보드랍아서 냄비나 주전자 가튼 거 만들었제. 노랗게 도금한 거는 요새도 라면냄비로 마이 안 쓰나.

양철은 단단하고 녹도 잘 안 쓰는 기라. 그래서 물동이도 만들고 빠께쯔도 맹글고 그랬다 아이가. 이것들이 가뱁아서 쓰기는 좋은데 얄바서 구멍도 잘 나는 기라. 구멍이 잘 나지마는 이기 또 납땜으로 붙이머는 금방 말짱해지거던.

 동네에 우짜다가 땜쟁이 오믄 "솥이나 냄비 때우소!" 하고 소리치면서 다니거덩. 그라모 이집 저집에서 빵꾸난 냄비와 솥딴지 들고 나온다.

 땜쟁이가 지고 온 사과궤짝 가튼 통 내리노코 자리 딱 잡고 앉으문 금방 옆에 솥딴지에 물도오, 주전자, 냄비 쌓인다 아이가. 쪼매 있으문 동네 얼라들도 몰리오가꼬 자리잡고 앉능기라. 오데서 그런 신기한 구경하것노.

 화로에 숯불 지피고 풍구로 돌리가꼬 바람 불어넣으문 숯이 벌거이 달아오르능 기라. 그라모 그릇에 쪼맨한 납띠이를 불에 달군 인두로 찌지가꼬 빵꾸난 그릇을 때우는 기라.

 수은처럼 빤짝거리는 납을 냄비 구멍에 가따 대믄 식어서 고대로 올라붙는다 아이가. 그라모 얼라들이 와! 하고 소리지른다 카이. 구멍이 커서 땜질이 안되모 우짜는 줄 아나? 구멍 뚫린 거 오리내뿌고 비슷한 다른 양철 오리붙이가꼬 뺑 돌아 때우면 끝인 기라. 얼라들 눈이 번쩍 뜨이제. 보기만 해도 기가 메키거등. 즈그한테는 마술보다 더 재미있었제.

땜질 다 끝나고 다른 동네 간다꼬 땜통 짊어지믄 얼라들이 또 따라간다 카이.

"솥 때우소, 냄비 때우소, 지나가는 ×× × ×× 때우소!"

이거는 어릴 적 억수로 듣던 이바군데 차마 글로는 몬 쓰것다.

지금이사 웃음시러 말한다마는 생각해보믄 서글픈 이야기제. 땜쟁이가 때우는 기 알고보믄 배고픈 그 시절 가난뱅이 살림살이 때운 거 아이가. 오데 구멍 뚫린 밥그릇만 때우것나, 사는 기 막막해서 구멍 뚫린 우리들 가슴도 떼운 기라.

요즘에사 스텐에 주석에 유리그륵에 오만때만 찬란한 그륵 다 쓴다 아인가베. 잘살모 그런 거 쓰는 기 좋기야 하제. 그래도 말이다. 요즘 젊은 사람들 물건 함부로 쓰는 거 보믄 기분이 착잡한 기라.

언제부터 우리가 그리 잘살게 되었더노. 아파트 분리수거장에 가보믄 아직 멀쩡한 프라이팬에다 쓸 만한 거 수두룩 빽빽 안하나. 옛날 같으문 10년은 더 썼을 끼다. 그랄 때는 요즘 젊은 아들 정신에 구멍 뚫린 거 아이가 싶어서 땜재이 있으문 좀 때우라 카고 싶을 때도 있다 아인가베.
 그라고 신문 보마 정치인들 거짓말하는 거, 오만 가지 사기꾼에 가슴 써늘한 범죄는 우찌 그리 갈수록 많아진단 말고. 그 구멍 뚫린 가슴들 납으로 확 떼아뿌믄 좋겠다. 아이고, 그 많던 땜쟁이들 다 오데로 갔실꼬!

# 큰코다치는 거는 약과데이

−코 이바구

요새 가마이 본께네 미투Me Too 땜시러 큰코다친 사람 제법 있데. 잘나가던 사람들 하나 둘 아이더라꼬. 유명 연예인, 감독은 글타 치고, 차기 대통령감으로 불리던 유력 정치인도 한 방에 가는 거 봤제? 이거 봄시러 내가 떠올린 말이 '큰코다친다.' 아인가베.

그라고 본께 우리나라에 코 관련 말이 많더라꼬.
"뒤로 넘어져도 코가 깨진다."
"귀 잘생긴 거지는 있어도, 코 잘생긴 거지는 없다."
"귀에 걸면 귀걸이 코에 걸면 코걸이."

그뿐이 아이제. 넘의 말 안 듣고 고집 센 인간 보고 코가 쎄다 쿠고 약점이 잽히문 코 꿰있다 쿠제. 이렇듯 코 이야기가 많다 아이가.

'미투'가 하나쓱 터지기 시작할 때 나는 감 잡았능기라. 세상이 어제 다르고 오늘 다르다 카능 거. 눈이 뺑글뺑글 돌 정도로 빨리 변한다 카능 거. 암시러 우리나라 사내들 안 변하능 기라. 케케묵은 가부장제 사고에서 몬 벗어나고 여자 앞에서 잰 척하다가 틈만 보이문 우짜등가 넘가삘라꼬 안 카나.

아 수컷이 암컷 찾능 거는 조물주가 그리 만들어 놨응께네 우짤 수가 없다 카더라도 사람 간에는 예의라 쿠능기 안 있나. 신사의 나라라 카는 영국 함 봐라. 입에 달고 있는 말이 레이디 퍼스트 아인가베. 짐승이사 수컷끼리 코 깨질 때꺼정 싸우고 이긴 놈이 암컷을 차지한다 캐도 우리는 맹색이 만물의 영장 아이가.

느그 '큰코다친다'는 말이 무신 뜻인 줄은 아나?

큰코다친다 카는 말뜻이사 다 알고 있것제. 심하게 봉변을 당할 때 쓰는 말 아인가베. 코라 카능 거는 얼굴 한복판에 붙어 있어가꼬, 이기 외모를 좌지우지하는 역할을 맡고 있능 기라. 그라이까 코가 깨지문 보기가 을매나 숭하것노. 특히 여자보다 남자는 코가 상징이라 카능 거 아이가. 코값한다 카믄 남자답다 카능 거제.

그란데 그냥 코하고, 큰 코하고 다르다 카능 거 아니가. 큰 코는 남자 거시기를 지칭한다 아인가베. 그라이까 큰 코 다친다 카는 거는 남자가 치명타 받는다는 이바구인께네, 미투에 신세 조진 양반들 큰 코 다친 거 확실하게 맞능기네. 이기 우스븐 이바구지만 웃도 몬 하것고……. 


-약과 이바구

우리가 걱정하거나 기대했다가 막상 결과를 본께네 별거 아일 때 하는 말 있제?

"에이, 고거는 약과제!" 카는 말.

이기 오데서 온 말인고 하믄, 옛날에는 약과가 엄청시리 귀한 음식이었다 쿠네. 그래서 특별한 날 아이문 맛보능 것도 에럽고 가난한 소작농들은 평생 맛도 몬 본다 하더라꼬. 이기 우로 올라가는 뇌물로 마이 쓰인 기라.

그런데 정작 지체 높은 댁에서는 귀한 녹용이나 산삼 같은 기 천지삐까리란 말이제. 그라이까 집사가 이리저리 하나씩 뇌물 보따리를 풀어보다가 약과가 나오문 그랬다 카데.

"에이, 약과네!"

가난한 사람은 묵어보기도 에러븐 귀한 음식이 세도가에서는 그냥 '에이 약과'에 불과했던 기라.

내가 이 이바구를 하능 거는 남자들 들으라꼬 하는 거제. 내사 인자 나이 묵어서 미투고 머시고 사내들 눈에서 벗어나 있지마는, 젊은 여자들은 남자 호불호가 분명하다능 거 알아두라는 것 아이것나. 남자보다 약하기 땜시러 자존심은 더 강한 기라. 내 큰 맘 묵고 사내들한테 경고하것는데, 여자 건들라 카지 말고 마음을 얻을라꼬 노력해 보라이. 여자 마음을 먼저 읽어야제.

요새 벌어지는 미투 운동 땜시러 정신 쪼매이 차렸을 끼라 꼬 생각한다마는 글씨 모르겠다. 지 버릇 개 몬 준다 카는 말 안 있나. 인자 제 발 개 주삐라. 안 그카믄 지금 쪼매이 큰코다친 거는 고마 약과데이. 큰 코 뿌리째 안 빠질라 카믄 진짜 조심하래이.

# 요상시러븐
해삼

 오늘은 해삼 이바구 쪼맹이 해보꾸마.
 해삼이라 카능 기 5억 년 전에 지구상에 등장한 생물이라 카모 믿겄나? 그란데 진짜라 쿤다.
 해삼은 요상한 물건이다 카이. 바싹 말리나도 물만 부으면 원래 형태로 돌아간다 카능 거 아이가. 주먹만 한 거로 긴 막대기에 붙이놓으마 길게 늘이나제, 계란판 우에 놓으모 올록볼록해지제, 짚세기 위에 놔뚜모 고초균 땜시러 금방 물처럼 녹아삐능 기라. 반틈으로 짤라삐모 멀쩡하이 두 마리가 되고 창자로 다 꺼내삐도 다시 창자가 생긴께네 누가 지구 생명체 아이라 캤다 카대.

한마디로 몸뚱이를 지 마음대로 변형한다는 거제. 적이 나타나믄 몸을 작게 맹글어가꼬 바우 틈새로 들어가삐모 몸을 부풀리가꼬 몬 꺼내그로 만든다 칸께네. 완저이 변신의 귀재다고마.

우째 보믄 쪼께이 징그럽그로 생긴 해삼 이기 국민 사랑받는 술안주 아이가 말다. 씹히는 식감 꼬들꼬들하제, 씹기만 하모 바다 향기 입안에 확 퍼지능기 술맛 댕기게 해준다 카이.

땅에는 인삼, 바다에는 해삼이 있능 기라. 해삼에는 인삼하고 똑거튼 사포닌이 있다능 거 아인가베. 묵었다카모 인삼 맹크로 몸에 좋다꼬 해삼海蔘이라 불렀다 쿤다. 바다의 불로초라꼬도 하고 고단백 식품으로 항암효과에 혈액정화작용도 한다꼬 안하나. 그래가꼬 중국에서는 옛날부터 불로장생식품이라 캤다 카네.

한국 사람들은 대개 초장에 찍어 묵지마는, 중국에서는 말리가꼬 요리할 때마다 물에 불리서 사용한다 카는데 비싼 요리에는 거의 안 빠진다꼬 안 카나.

　일본사람들은 살키보다는 내장을 더 좋아한다 카이. 이 해삼이라 카능 기 포식자가 다가오믄 내장을 항문으로 쏟아내가꼬 미끼로 주삐고 포식자가 내장 묵는 동안 실금실금 도망가는 기라. 해삼은 희한하그로 내장을 꺼내 주삐도 다시 생긴다 카네. 일본사람들은 요 해삼 내장을 소금하고 청주에 절이가꼬 젓갈로 맹그는데 이기 그 유명한 고노와다このわた라 카는 기라. 우리 토영 꺼도 알아준다 카더만.

　섬사람들은 해루질이라꼬 밤에 바닷가에서 횃불로 캐가꼬 비추믄서 잡았다 카는데 인자는 횃불은 안 쓴다 칸다. 이마에 딱 붙이는 해드랜턴이 있는데 말라꼬 횃불 들고 댕기겄노. 나도 오래전 성희 옴마 따라서 망일봉 바닷가에서 쪼매한 해삼도 잡아본 기라. 자연산 미역도 캤는데 인자는 개발이 되삐가꼬 미역이고 해삼이고 씨가 다 말랐뺐다.

　접때 운젠고 매물도에서 1박 함시러 물질하는 할무이를 만났는데 술 세 꼬뿌 대접했드마는 우스분 이바구를 해주는 기라. 물이 마이 드는 한사리 때 발목쯤 차는 물가에서 해삼을 잡는데, 해삼 이기 희한한 모습으로 서가꼬 있다꼬 안 카나.

　미역이나 까사리 같은 해조류 같은 기 뭉티이로 있는데 그 위에 딱 올라서가꼬 몸띠이를 빳빳하게 세아가 있다 칸다. 이기 무신 일인고 하믄 말다, 짝짓기 때가 되믄 근처 있던 해삼들이 바위나 해조류 같은데 올라서가꼬 지가 더 큰 거맹크로 보일라꼬 대가리 바짝 치키들고 서있다 카네. 그 모십이 웃기고 우째 보믄 엄청시리 민망해 보인다 쿤다. 쪼맹이 안 믿기서리 인터넷 찾아봤드마는 옴마야, 숭시러버라.

　상상해 보그래이. 해조류가 뭉태기로 있는데 그 우에 올라가가꼬 서 있으믄 그기 머처럼 보이겠노. 까사리 같은 거는 딱 음모처럼 보이제. 그 우에 빳빳하이 길고 굵은 기 서 있으모 그기…. 아이고, 말해 놓고 보이께네 부끄러버라. 우짜든가 해삼 암컷들도 큰 거로 좋아한다 카는 거는 첨 알았구마는.

　암튼 내 나이가 법적으로 노인인께나 몬할 말이 머 있겠노. 고마 웃자꼬 하는 이바구께네 흉보지는 말그래이.

　오늘은 빳빳한 해삼 몇 마리 사다가 소주에 불로장생 함 해보까나.

제 2 부

## 호랭이 담배 묵던 시절 이바구

# 동동 구리무
♪

　처음에는 내 눈을 의심했다 아이가. 그란데 가마이 본께네 옛날 동동구리무가 아이고, 업그레이드해가꼬 새로 나온 동동구리무라 쿠네. 내용물은 다른 화장품하고 별 다를 끼 없어 보이드마는, 일종의 복고풍 상술인 기라.
　동동구리무 생각하믄 지금도 웃음이 실실 난다 아인가베. 그기 한창 유행하던 시절이 있었제. 살림살이 찢어지는 과부가 '구리무' 하고 '박가분' 가꼬 있으면 옆에서 이상한 눈으로 보던 시절인기라. 어떤 부자 놈팬이를 만났는지는 몰라도 지 돈 주고 살 행펜은 아인기 분명하거든.

그 정도로 동동구리무는 여인들 로망이었제. 요새로 치믄 영양크림 아인가베. 육십 년 대까지만 해도 집에 수도가 오데 있노. 동네 우물이나, 꼴짜기로 서답 이고 가서 얼음 깨고 빨래했다 아이가. 그카다가 보믄 얼굴은 얼어가 거무튀튀한 기라. 고릴라 상판대기도 아이고 말이다. 만지믄 얼굴 가죽이 꺼칠해가꼬 지 얼굴 지가 만지기도 싫은 기라. 손은 또 그기 사람 손이가. 손등이 부르터지서 갈라지고 피나고 딱지 앉았다가 떨어지고 밤이믄 가렵고 아이고 말도 몬한다.

그래도 여잔데 우짜든가 서방한테 이뿌게 보이고 싶고, 사랑받고 싶고 안 그렇나. 사내 자슥들이라꼬는 오데 동네 다방에 가서 여종업원 손 한 번 만지볼라꼬 커피는 잘도 사주면서, 즈그 마누라 동동구리무 하나 사주는 거는 우찌 그리 야박한지 모린다.

글타꼬 다방 가서 여자들 손이나 만지묵꼬 커피 사준 거로 바가지 긁으믄 머라 쿠는고 아나? "니 손이 오데 여자 손이가?" 카믄서 타박준다 카이. 아이고, 추븐데 빨래한다꼬 손등

터진 거 위로는 몬 해줄망정 마누라 손이 고릴라 손이네 하믄 시러 타박하제. 그카믄서 밤에 마누라 옆에는 머할라꼬 오는데?

장날에 동동구리무 장수가 오믄 일하다가도 뛰쳐나간다 아이가. 등에 큰북 지고 그 우에 솥뚜껑메로 생긴 심벌 얹고, 혼자서 발로 북을 동동 치고 장구 치고 하모니카 불고 찐한 농지꺼리 얼매나 잘하는고 배꼽 빠지는 기라. 그라다가 통에서 구리무 꺼내가꼬 여자들 손등에 한 번씩 발라주며는 억수로 기분 좋았제.

겨울에 꺼칠한 손에 고거 쪼매이 찍어주는 거 부비믄 손등이 금방 빤지리해지믄서 보들보들한 기 요술 같았다 카이. 그라이 동동구리무가 인기 있었제. 순이 어무이는 옆집 아지매한테 돈 빌리서 샀다가 서방한테 벼락맞았다 아인가베. 농 안에 숨카놨던 걸 순이 아부지가 차자내가꼬 얼매나 족쳤는지 모린다. 허리 뿔라지게 빨래해서 입히다가 터진 손등 바를라꼬 산 동동구리무를 집어던지믄 살기 싫을 끼라. 동동구리무 그거 해바짜 커피 열 잔 값뻬이 더 되나 말다. 그때 남자들 즈그 마누라한테 우쨌는고 노래가 있거덩. 함 들어보라이.

1. 여보 당신 나를 정말 사랑한다면/ 동동구리무 한 통만 사주세요./ 동동구리무는 비싸니까요 닭똥집은 어떠하오/ 난 싫어요, 난 싫어요. 난 부끄러워요.
　　2. 여보 당신 나를 정말 사랑한다면/ 비단구두 한 컬레만 사주세요./ 비단구두는 비싸니까요 짚신은 어떠하오./ 난 싫어요, 난 싫어요. 난 부끄러워요.
　　3. 여보 당신 나를 정말 사랑한다면/ 비로드 치마 한 감만 사주세요./ 비로드 치마는 비싸니까요 가마떼기는 어떠하오./ 난 싫어요, 난 싫어요. 난 부끄러워요.

　우떴노. 듣기만 해도 부아 치밀제? 우리 어무이 세대는 그리 살았다 아인가베. 요새는 세상 좋다 아이가. 나이들믄서 철도 드는가 마누라 화장품에 백까지 사들고 오능거 보믄 참말로 살맛 나제.
　가끔 동동구리무장수 동동거리믄서 북 치는 것도 한 번씩 보고잡네. 그리 하나씩 추억이 사라지뻔다. 동동구리무도, 신기료 장수도……. 오늘은 동동구리무 한 통 사봐야겠네. 옛날 기분 날 낀가 아나.

동동구리무 생각하이 시어무니와 친청 어무이가 생각나믄서 눈물이 찔금 나온다.

# 연탄의
# 따신 추억들

　달포 전에 '연탄나눔' 봉사행사를 한다 카는 알림문자가 온 거 보이께나 겨울은 겨울인갑제.

　토영이 따시기는 해도, 겨울이면 벨 수 있나. 계절을 이길 수는 없는 기라. 근자에는 새벽 기온이 많이 내려갔다 아이가. 산동네를 지나가는데 리어카에 연탄을 가득 싣고 가는 거 보이께네 가슴이 아파오데. 얼굴에 탄가루 시꺼멓게 묻히 가꼬 연탄 지고 오르는 기 보통 일은 아이제. 내가 옛날 시집살이할 때 초겨울되믄, 쌀 두어 말에 연탄 백 장 들라놓고 나믄 시어무이가 보기만 해도 배부르고 등 뜨시다 캤다 아인 가베.

요새 연탄 쓰는 집은 보기 어렵제. 그래도 달동네의 난방을 책임지는 주 연료는 연탄만 한 기 없는 기라. 옛날에는 얼라들이 어무이 심부름으로 연탄을 사 들고 가다 얼음길에 미끄러져 연탄 깨고 무릎 깨지는 일은 흔했제. 그때 얼라들이 우는 기 깨진 무릎이 아파서가 아이라 어무이에게 쥐어터질까봐 우는 기라. 빈 새끼줄을 들고 집에 가믄 대갈통부터 한 대 쥐박혔다이가.

"연탄이 한 장이모, 온 식구가 밤새 등더리 뜨뜻하이 잘 낀데 인자 우짤 기고?"

와 아이라. 그때는 겨울이 우째 그리 모질게 추웠겠노. 방 구석에 떠놓은 자리끼에 얼음이 얼던 시절이거덩.

어무이는 얼라 대갈통 한 대 콱 지이박을 때는 기세등등했제. 깨진 연탄 대야에 담아 연탄가게 주인한테 서글픈 표정 지믄 새 연탄으로 바꿔 주기도 했제. 연탄은 잘 깨지는 물건이라서 공장에서 바꿔준께네 연탄가게 주인은 손해가 없지만, 바꿔주믄서 인심 후한 척했는 기라.

　연탄재도 쓸모있었제. 얼음이 얼믄 미끄럼 방지한닥꼬 빙판길 우에 뿌리고 그랬제.

　여름되믄 더버서 아궁이에 연탄을 뗄 수 없다 아이가. 그라마 바깥 화덕에 연탄 피우는 거 기억 나제? 저녁 되믄 이집 저 집 화덕에서 밥하고 찌개 끓이는 풍경이 지금도 눈에 선하다 아이가. 그때는 이웃집 반찬 사정까지 다 알았제. 석이네 집은 엊저녁 먹다 남은 찌개고, 임이네 집은 시락국에 김친데, 방안에 눕아가꼬 이웃집 고등어 굽는 냄새에 코 벌렁거리싸믄서 임이 아부지는 저거 집 반찬인 줄 알고 고대하다가 실망한다카이. 살림이 넉넉해야 입에 괴기가 들어가제.

　미치고 폴딱 뛰는 기 먼 줄 아나? 어디 같다 와가 서방 오기 전에 저녁 해야 되는데 누가 연탄을 쏘옥 빼간 기라. 연탄불 피울라 카믄 얼마나 힘드노. 활짝 피울라카믄 시간이 에법 걸린다 아인가베. 그캐도 양심 있는 사람은 아래 불만 빼가믄서 우에 새 연탄 하나 넣어주고 가는디, 양심 불량인 것들은 우에 불을 쏙 빼갔빈다. 그라믄 간이 디비지제. 반찬거리 장만할라, 연기 마시가믄서 불 피울라, 입에서는 시부랑

고부랑 소리가 막 터지는 기라.

　여름 방학 되믄 산이고 들이고 놀러 갔다가 메뚜기 잡아서 넘에집 연탄화덕 뚜껑 우에 꿉아묵던 생각나제? 먹을 끼 벨로 없던 시절 아인가베. 뜨거버서 이리 튀고 저리 튀는 메뚜기 잡아넣고 조금 기달리믄 누렇게 익어가믄서 고소한 냄새 그거 진짜 직인다 아인가카이.

　그 시절 연탄은 음식을 끓이갖고 묵그로 해주고, 방을 뎁히서 따신데 자그로 해 주고 서민들한테는 없으믄 안 되는 고마분 것이었제. 근디 이기 또 까딱하믄 무시븐 물건인기라. 한 겨울 지나다 보므는 동네에서 한두 번은 사고 난다 아이가. 연탄가스 중독 말다.

　아침부터 동네 사람들 웅싱거리는데 가 보믄 정신 못 차리는 사람들 마루에 꺼내놓고 김칫국물 멕인다고 난리도 아이다. 연탄가스 묵은 사람은 축 처지가 정신도 몬 차리고. 그래도 살아나기만 하믄 다행이제.

　춥지마는 따신 추억들이다. 암만 그렇제. 안도현 시인의 〈너에게 묻는다〉 앞 줄 한 줄이 진하게 떠오르는구마는.

연탄재 함부로 발로 차지 마라/너는 누구에게 한 번이라도 뜨거운 사람이었느냐.

글씨, 인자는 뜨거울 때는 지났다마는, 오늘밤 우째 뜨뜻하이 연탄불 한번 붙이 보까? 머시라꼬? 에헤이, 씰 데 없는 상상하지 마래이.

# 엿장시
# 맘대로

　　천안 간다꼬 휴게소 들렀드마는 엿 좌판대가 있데. 가세 딱딱 치믄서 각설이 흥을 돋우모 안 사묵고 배기나. 엿 묵은께네 어릴 적 생각이 나는 거 아인가베.

　　애릴 때 멀리서 가세 소리 쩔꺽거리기 시작하모 마루 밑에 숨카논 거 챙기기 바뿌다. 아부지 술병 모다논 거 하고, 엄마 고무신 구멍 뚤핀 거 하고 구리 모다놓은 거 챙기고 있으문 벌씨러 집 앞에 와서 소리 지른다.

"고오물! 솥떼까리나 냄비떼까리, 빵꾸난 물도오, 놋숟까리, 전복 껍띠이, 몽땅 엿바꾸이소오!"

모다논 거 들고 나가보믄 얼라들 손에 고물 하나쓱 들고 오는데 가마 보이 멀쩡한 세수대야 들고 오는 얼라도 있제. 또 아까꺼정 신고 있던 고무신을 운제 찢었능고 찢어가꼬 들고 오는 아도 있거든.

엿장시도 바보 아인데 딱 보믄 아능기라. 대갈빡에 군밤 한 개 딱 때리문서, 머시라 쿠는고 아나?

"아이고 일마야, 묵고 싶다꼬 신발로 이리 째가꼬 오믄 우짜노? 느그 어무이 니 놓고 미역국 자신 거 을매나 아깝겠노. 내 아 같으모 고마 한 대 팍 쎄리뿔끼지마는 내사 마 모르겠다. 아나 엿!"

배는 맨날 고푸제, 돈은 없제, 문방구에 파는 까자는 꿈도 못 꾸제, 그라이까 을매나 묵고 싶으문 지 고무신을 째가꼬 들고 오것노.

그란데 엿장시가 고물하고 바까줌시러 잘라주는 엿이 크기가 지 맘대로인기라. 그 와 지다란 가래엿 말다. 똑같은 냄비떼까린데 내는 두 뺨 주고 다른 얼라는 두 뺨 반 주는 기라. 넓적한 판엿도 끌 가꼬 탁탁 때리서 짤라주는데 그것도 크기가 지맘대론기라. 엿장시한테 툴툴거리모 머라 쿠는 줄 아나?

"야 이노무 자슥아, 엿은 말다. 엿장시 맘대론기라. 니를 쪼매이 준 기 아이고 쟈한테 쪼매이 더 갔는데 다음에는 니 더 줄꾸마."

그래노코 가위 짤깍짤깍함시러 가쁘모 고마인 기라. 그래도 다음에 오문 더 줄 줄 알고 또 이것저것 고물 모다놨다가 들고 나가문 똑같다.

"아저씨요, 요번에는 내 쫌 더 준다 안 캤능교?"

이카믄서 엿장시 쳐다보믄 "머라쿠노. 저리 가라. 고마 시끄럽다. 내 언제 글캤다꼬 쪼맨한 기 어른 가꼬 놀라 쿠노!" 그라고 또 가쁜다. 그래가 내 동상이 올매나 울었는지 모린다.

엿이라 쿠는 기 찾아보이께네 종류가 한두 가지가 아이더라꼬. 평소 우리가 먹는 엿은 쌀엿, 엿 중에는 젤로 달다 쿠네. 울릉도 호박엿 카모 유명하제? 그거 말고도 무엿, 옥수수엿, 보리엿도 있다 쿤다.

꿩엿 들어봤나? 믿거나말거나, 제주도 가문 진짜로 꿩고기 넣고 만든 꿩엿에 닭엿도 있고 돼지고기엿도 있다 카는데 신기하제? 마을에서 돼지 한 마리 잡아가꼬 노나 묵는데 그거로 엿을 맹글었다 쿠네. 조밥에 엿기를 넣고 푹 고으다가 돼지고기 넣고서 엿 맹그는데 단백질 부족한 제주 사람들 겨울에 필수 먹거리였다코 안하나. 요새는 안 맹근다 쿤께네 제주 가서 돼지고기엿 묵을라 쿠지 말거래이. 그 말고도 생강엿, 대추엿, 차조 넣고 하늘타리 넣은 하늘애기엿도 있다 카이 우리 조상들 참말로 슬기롭제.

그란데 말이다. 이래 달콤한 엿이, 좋은 말에 와 안 쓰이는고 모르것다. 엿장시 맘대로라 카는 말도 어른 되가꼬 비로소 알것드라꼬. 엿장시 맘대로라 쿠는 말이 요즘 갑질하는 거 비슷한 거 아이것나. 힘 있으문 좋은 데 쓰야제 우짜자고 힘없는 사람을 맘대로 휘두르노 말이다.

'엿 무라' 카는 말도 좋게는 안 쓰이제. 이거 유래는 더 우낀데이. 60년대는 중학교도 입시제도가 있었거등. '엿기름 대신 엿을 만들 수 있는 것은 무엇인가?'라는 질문에 정답은 디아스타제라 쿠는 효소라는데 말다. 다른 보기에 있는 무즙

엿장시 맘대로 81

도 엿을 맹글 수 있는 기라. 그란데 무즙이라고 쓴 얼라들은 떨어졌거등. 학부모들이 무로 엿을 맹글어가꼬 교육청하고 학교 찾아댕기믄서 엿 무우라꼬 소리지른께네 떨어진 38명 다 합격시깄다고 신문에도 실맀다 칸다. 그때부터 택도 없는 소리하는 사람한테 엿 무라 칸다 카네.

　옛 어르신들이 음식 가꼬 장난치지 말라 캤다. 우리 고유 음식 엿 가꼬 나쁜 말 하지 말그레이. 엿 가꼬 욕을 하문 몬 씨는 기라. 엿은 말다. 사랑인 기라. 와 그란 줄 아나? 달콤하거든.

# 옛날 옛적,
# 화장지 없던 시절

　지난봄에 단체로 여수로 여행을 갔능기라. 간이휴게소에서 커피 마시고 있는데 전화가 와가꼬 받아 보이께네 일행 중에 한 명 아이가 통시(화장실)에 조오가 음써갖고 일나도 앉도 못하고 퍼질러서 우짜꼬, 하고 있다코 안하나. 그래서 조오 갖고 새빠지게 뛰가서 줬다 아인가베. 조오가 머냐꼬? 종이 아이가.
　그라고 본께네, 화장지라 쿠는 기 음썼을 때는 우찌 살았실꼬 싶다. 요새 얼라들 들으믄 믿도 안 하것지마는. 우리 애릴 적에는 똥조오라꼬는 신문지도 귀했다. 신문지먼 하마 고급이제. 지금 70 넘은 어른들은 통시에 갈 때는 풀잎 몇 장 뜯어갖고 갔다꼬 안하나. 풀잎으로 우째 닦느냐꼬? 말도 마라. 짚세기로 닦는 사람도 있고, 새끼줄로 닦는 사람도 있었다 카데.

새끼줄로 우째 사용하는 긴가 도통 모리겠제? 새끼줄로 이쪽저쪽으로 묶아놓고 걸터앉아가꼬 한 번 쓱 지나가문 끝인기라. 못 믿겠다꼬? 아인 기 아이라 나도 설마 캤거든. 그란데 안 있나. 서울 '국립 어린이 민속박물관'에 함 가보레이. 가보지는 못했는데 이야기만 듣고 인터넷 찾아봤다 아이가. 어린이 민속박물관에 '똥 나와라 똥똥' 코너가 있는데 거 보믄 새끼줄 걸타고 왔다갔다 하는 거 고대로 재현해놨더라꼬.

요즘처럼 보드라운 화장지로 닦는 거는 진짜 똥꾸멍 호강하는 기제. 옛날에는 풀잎이 보통이고 우짜다가 호박잎으로 닦고 나믄 똥꼬는 말할 것도 없고 사타구니가 쓰라리서 한참 어기적거리고 걸었다 쿠데. 산에서 쐐기풀로 닦다가 혼난 사람도 있었제. 쐐기풀 그거 털이 보드랍닥꼬 쓱 한 번 문지르면 말도 몬하그로 따갑거든.

　얼라 때는 똥 싸믄 "도꾸도꾸!" 하고 마당에 누렁이 불러갖고 치웠다 아인가베. 요놈은 얼라 똥꼬까지 싹싹 핥아 처리해 주는기라. 그래서 똥갠가? 길들이놓으문 얼라 데불고 마당에 나오믄 벌써 눈치 채고 달리오는데 꼬리꺼정 흔들몬서 온다 아이가. 우리 큰놈도 시아버지가 그렇게 키윗제.

　그라다가 신문 보급이 많아지믄서 이집 저집 통시에 가믄 신문지를 잘라 철사꼬챙이에 끼아서 못에 걸치놓고 한 장씩 떼서 닦았제. 그때는 신문지가 최고급인기라. 신문지 없을 때는 돌까리 조오 있제? 거 안 있나 와. 시멘트 푸대 말이다. 뚜껍아서 우찌 쓰냐꼬? 고거를 그냥 닦으믄 안 되고, 손으로 조오 양쪽을 잡고 막 비비는 기라. 그라마 쫌 지나믄 보들보들해지가꼬 쓸 만하거든. 그래가 똥싸기 겁 안 나꼬? 문디, 인도나 파키스탄 가믄 손으로 닦꼬 손 씻는다 쿠는데 그보다는 훨 낫제.

　조오가 처음 발명된 기 2세기 경에 중국사람들이 맹글었다 쿠네. 일본에서는 에도시대 때 귀족들이 조오로 뒤 닦았다 카고. 우리나라는 1950년 대부터라 카는데, 그것도 좀 사는 집이나 그랬제. 그라다가 70년대 들믄서 슬슬 일반 가정에도 화장지라 카능 기 보급되기 시작했고, 나도 그때쯤부터 운 좋으모 화장지 아이믄 신문지, 그것도 없으믄 공책 찢어서 썼제. 한 번은 조오가 없어서 숙제한 공책을 찢어뿌리가 선생님한테 벌쓴 적도 있다 아인가베. 당시는 눈물 찔끔거렸는디 지금 생각하니 그것도 추억이다.

지금이사 천연펄프니 뭐니 해갖고 눈처럼 뽀얀 종이지마는 그때 화장지는 거무죽죽한 재생지 아이가. 힘도 없어가꼬 서너 장 안 겹치믄 닦다가 구멍 나서 손가락에 묻고 그랬다. 머시라? 더럽닥꼬? 조오 구멍 나서 손가락에 똥 묻은 거 한 번도 경험 안 한 사람 있으믄 나와 보락 캐라.

우리가 요새 누리고 사는 것들이 당연하다꼬 생각 말거래이. 옛날에는 없이 살아도 그기 당연하다꼬 생각했데이. 조오 한 장 구하기 에립아가꼬 똥조오는 글타 치고, 연습장 한 장 함부로 쓰기도 에립았다 아이가. 우짜다가 달력 한 장 찢으믄 얼라들이 즈거 먼저 할 끼락꼬 싸움 나고 그랬다. 그라마 어무이가 가세로 오리서 나눠주믄 그 뒤에 그림 그리고 색칠하고 했제. 요새 얼라들 휴지 쓰는 거 보믄 환장한다.

죽죽 풀어가꼬 둘둘 뭉치서 한 번씩 닦고 내삐리제. 애낄 줄 모르는 기라.

아직도 전 세계적으로 조오 말고 다른 걸로 뒤 닦는 인구가 6분의 1이라꼬 안하나. 똥 닦은 조오는 재생도 안 된다 쿠네. 세계자연보호기구가 조사했다 쿠는데, 전 세계에서 화장실로 들어가는 조오가 나무로 치믄 하루에 2십7만 그루란다. 2십7만 그루!

나무도 살리고 자연도 살릴라 카모 우째야 되는고 우리 모두 고민 좀 해보자 카이. 저래 싱싱하고 푸른 나무들을 통시에 다 집어넣으문 되것나 말이다.

# 우산할배는
# 다 오데로 갔실꼬

"뿔라진 양산이나 우산 고치소오!"
"어무이, 우산쟁이할배 왔데이. 뿔라진 우산 오데 있노?"
비 끄치모 오데서 나타나는고 제일 먼첨 소리지르고 댕기는 사람이 우산쟁이 아이가.

내 애릴 적에는 우산이 힘이 없어가꼬 바람에 해까닥 디비지믄 살대가 똑 뿔라질 때가 많은 기라. 그라모 고치쓰야제. 당시는 우산이 쪼매 괜찮은 기 쌀로 치믄 서 되, 보리로 치믄

한 말이라는 이바구 들었구마. 고급 양산 가튼 거는 보리가 두 말 넘었다 카대. 없는 집 한 달 묵을 양슥과 맞묵능 기라. 그라이께네 내삐린다 쿠는 거는 꿈도 못 꾼다 아이가.

우산할배가 앉아가꼬 입에 문 담배연기 땜시 눈을 찡그리면서도 뻰찌 든 손으로 조물딱 조물딱하모 금시로 말짱한 우산 돼 삐리는 기라. 마술처럼 말이다.

아침에 얼라들 핵교갈 때 보믄 큰 우산 씨고 가는 놈, 작은 우산 씨고 가는 놈, 비닐우산 씨고 가는 놈, 우산이 가다 디비지는 놈 지각각이제. 그래도 비올 때 그런 기라도 씨아서 보내믄 부모 맘이 쪼매이 낫다 아인가베. 우산이 한 개 삐라서 형제 둘이 씨아서 보낼 때는 가슴이 아팠다 카이. 그래도 둘이서 딱 붙어가꼬 가는 기 우애 있어 보여서 기분은 조응 기라.

가마 보믄 우산하고 어른들 맘하고 우찌 그리 비슷한고 모르것다. 우산을 한자로 雨傘이라꼬 씨는 것도 아매 그래서일끼다. 이 우산 산傘자가 자세히 보믄 기가 맥히는 글자 아인가베. 지붕에 여덟 八자로 씨우고 그 밑에 열 十자로 놓고 지붕 아래 사람 人자가 네 개 들어간다 아이가. 사람 나이

팔십이믄 산수傘壽라카데. 우산과 같은 나이라카는 긴데 이기 무신 뜻이것노.

 낫살이 그마이 된다 카는 거는 자손이 많다 카는 것도 되지마는 그 자손들의 비바람막이가 되어 주야 된단 말이제. 꼭 자손들이 아이라 캐도 그마이 살았다 카는 거는 경험도 풍부하고 그래서 지혜롭다는 뜻인기라. 그 지혜로 우산처럼 많은 사람들을 품고 애화哀話도 풀어주고 비바람도 막아 주라 카는 말 아이것나.

 할배가 우산 고치는 모십도 비슷하다 아인가베. 살대가 뿔라지가꼬 행펜 없는 우산을 갖다 주모 땀 삐질거리믄서 철사 뚝뚝 짤라가꼬 이래조래 고치모 참 신기했제. 그랄 때 할배가 우산처럼 활짝 얼굴 피고 웃음시러 담배 하나 꺼내가꼬 피아 무는 모습이 을매나 자랑스러븐 표정인고 모린다. 그기 우산장시 자존심 아이것나.

 옛말에 일가一家를 이룬다 카는 말이 있제. 학문으로 새로운 지식을 널리 퍼뜨리는 것도 일가를 이루는 기고, 자식농사 잘 지이가꼬 한 집안을 일으키는 것도 일가를 이루는 기라. 학문도 이루면 선각자가 하나의 지붕이 되능 기고, 가족도

씨를 잘 뿌리고 평안하게 되믄 선조가 또 하나의 지붕을 되능 거 아이겠나.

그란데 말다, 어른을 지붕처럼 받들고 모시믄서 그 가르침 받들던 문화도 인자는 없능 기라. 온 데 다 지 잘난 사람들만 쌔빌릿꼬 얼라들은 SNS 친구가 가족보다 더 좋다는 요상한 세상 아인가베. 어른들은 요새 얼라들 철도 없고 의지도 없는 기 맘에 안 들고, 얼라들은 어른들이 몬씨는 우산 거튼 꼰대로밖에 안 보는 기라.

우산할배들은 다 오데로 갔실꼬. 요새는 묵고살기 힘들다꼬, 또 얼라 키우기 힘들다꼬 하나쓱만 놓은께네 일가고 머시고 인자 읍따. 뽈라진 우산은 그냥 내삐리고 새로 사믄 그마이다.

사람 심성이 고장나등가 뽈라지믄 고치야 될 낀데 요즘은 그런 거 고치줄 할배도 없다 카이. 즈그끼리 살고 늙은이들은 우산 지붕이 아이라 독방 지붕 밑에 쓸쓸하이 혼자 산단 말이시. 세상은 비 오고 바람 불고 난린데 인자는 쓸 우산도 없데이. 오데 산신령 가튼 우산쟁이 할배가 나타나가꼬 인간들 정신이 고장나고 뽈라진 거 쫌 고치주믄 좋겠데이.

## 몽땅비짜리가 어때서

초등핵교 댕기는 손녀한테 몽땅비짜리 아냐꼬 물어본 께네 모린다고 안 카나. 몽땅비짜리 이기 머신고 모리는 얼라들이 에법 있을 끼라. 요즘은 진공청소기 쓴께네 말이제.
우리 애릴 적에는 수수비짜리 한 개 사놓으모, 달가빠지서 손잡이만 몽땅하게 남아도 아까바서 안 내 뻘고 썼다 아인가베. 옛날에는 다 그랬제. 그기서 도깨비 이바구도 생기고 했구마.

지역 따라 비짜리 종류도 많았제. 싸리가 많이 나는 데는 싸리 가꼬 맹글고, 대가 많은 데는 대나무로, 수수농사 짓는 사람들은 수수 가꼬 맹글었능기라. 산에 나는 산대나무로 맹근 거하고, 싸리로 맹근 거는 마당 씨는 데 주로 썼다 아인가베. 뻣뻣해가꼬 마당 씰기는 좋은데 방은 몬 씨는 기라. 수수 털고 남은 수숫대로 사랑방에 모이가꼬 이바구 꽃 피움시러 비짜리를 만들었다 아이가.

비짜루계의 스타는 수수비짜리였고, 비짜루계의 양귀비는 누가 머시라 캐도 보드라븐 갈대비짜리 아인가베. 방 씨는 데는 그기 최고데이. 갈대로 아무때나 짤라 쓰는 기 아이고, 여름 넘어가고 초가실에 촉촉하이 꽃대 막 나올 때 붓대같이 부드러운 거를 짤라가꼬 소금물에 삶아서 말린다 카데. 그거로 엮어놓으문 보들보들한 기 방 씨는 데는 그저 그마이라고 안 카나. 머리카락도 싹싹 씰리제, 잘 안 비는 먼지까지 깨끄시 씰었제.

넘으 집에 가서리 방구석에 있는 비짜리만 봐도 행펜이 괘않은지 안 괘않은지 다 안다 아이가. 당시는 몽땅비짜리 쓰는 집도 많았다 카이. 방 씰다가 부아가 터지믄 비짜리도 하나 몬 산다꼬, 이기 사람 사는 기 맞나 카믄서 지아비 들으라꼬 부러 한마디하고 그랬다 안하나.

그라모 지아비는 내가 오데 돈 놔노코 안 사주나 구시렁거리다가 가게 가서 쇠주 사다 마싯다 아이가. 그라믄 지어미는 소주 살 돈 있으믄 비짜리 사겄다고 투정하고 그랬제. 내 어릴 쩍 옆집 아들 형제는 칭찬받을 낀가 싶어가꼬 몽땅비짜리를 주아왔다가 저거 어무이한테 머리통에 불나그로 얻어 터졌다 아인가베. 넘의 비짜리 주아오믄 도깨비 나온다꼬 소리질렀지마는, 그보다는 비짜리 하나 몬 사서 얼라들이 몽당비짜리 주아오는 기 너무 서러버서 그라는 거 아이겠나.

비짜리도 사람처럼 인생이 변한다 쿠는 거 아나? 인생이 아이고 비짜리생이제. 처음에 갈대비짜리 곱상한 거 한 개 사오믄 방구석에 곱게 모시노코 방 씨는 데만 사용하능 기라. 그기 갓난얼라 보듬고 얼라는 거나 마찬가진였제. 우째 다른 용도로 쓴다 캐봤자 문창호지 갈 때나 씨는데 사람으로 친다 쿠믄 비짜리가 마실 가는 거 아이가.

그라다가 반쯤 닳아서 먼지 알갱이 같은 기 잘 안 씰리믄 부엌으로 밀리나능 기라. 그라모 부엌 씰다가 방에 도배할 때 조오에 풀 발라가꼬 벽에 잘 붙으라꼬 쓱쓱 문지는 데도 씬단 말이제. 그기 중년인 기라.

 더 달쿠믄 오데로 가는 줄 아나? 방 비짜리는 마당은 못 씬데이. 올이 가늘어서 작은 돌삐 같은 기 안 씰리거든. 그라모 오데로 갈꼬? 맞다. 똥간으로 가는 기라. 푸세식 똥간에서 똥조오 날리능 거 쓸고, 구석때기 거미줄 걷는 거 도맡아 했다 아이가. 그기다가 한데 싸논 똥 치우는 것도 몽땅비짜리가 하는 일인 기라. 늙으문 사람도 벼루빡에 똥칠한다 쿠드마는 비짜리도 똑같다.

 요새는 비짜리 가꼬 실내장식도 한다 쿠네. 새 비짜리도 처음부터 장식용 몽당비짜리로 만들어 가꼬 나오는 기 있는데, 촌에서 쓰다가 몽땅비짜리된 기 값은 더 비싸다 쿤다.

 듣고보이 사람도 그랄란가 싶으다. 고생으로 세월 다 보내삐고 몸 상하고 맘 고달픈데 똥간 치우는 처지 되모 안 되것제. 우짜등가 실내장식용맹쿠로 고상하이 늙어가야제. 몽땅비짜리나 인간이나 말년이 좋아야제. 하모. 걸레스님 중광이 했다 쿠는 말 생각나네.

 "걸레가 어때서. 세상 때 깨끗하게 닦아주다가 제 몸 더러

워진 건데."

내도 한마디하꾸마.

"몽땅비짜리가 어때서. 세상에 더러븐 거 씰어내다가 닳아뻔 긴데."

사람도 같다 아이가. 자슥 키울라꼬 오만 더러븐 일 다 하다가 늙어뻔 거 아인가베. 그라이까 늙으면 존경받아 마땅한 기라. 늙어가꼬 고상하게 존경 받꼬 싶거들랑 고상하게 살아야 된다 쿠는 거 잊지 말그레이.

# 무봤나 개떡

　장에 갔더마는 어떤 아지매가 "머 이런 개떡 가튼 일이 다 있노!" 카면서 훌쩍거리고 있는 기라. 알고보니 지갑을 소매치기당했다 카능 거 아이가. 집에 와서 생각해본께네, 와 안 좋은 일 생기믄 '개떡 같다.'라꼬 말할꼬 싶능 기라. 그란데 이런 말이 한두 개가 아이더라카이.
　일이 생각하는 대로 안 되문 개떡 같다 쿠제, 오데 사기라도 당하믄 개떡 됐다 카고, 하는 말이 맘에 안 든다꼬 개떡 가튼 소리라 카제, 인생 잘 안 풀리면 개떡 가튼 인생이라꼬 안 카나.

아매도 지금 육십 대 이상이문 다 알 끼다. 개떡 말다. 인터넷 들어가보이께네 개떡이 뭐고 싶어 묻는 사람들도 있드라마는, 댓글이 우낀다. 제법 점잖게 올리논 답 중에 하나가 뭐고 아나. 우리말에 '참'이 아닌 것을 접두어 '개'를 붙인다 아인가베. 그라믄서 참나리, 개나리, 참비름, 개비름, 한다 쿠는데, 그래서 개떡도 그리 알아들으면 될 끼란다. 내가 쪼메이 궁금한 기 있어서 물어보는데 그런 답변 올리는 당신들 진짜로 무봤나 개떡!

보릿고개라는 말 들어봤제? 우리 애릴 짝에 묵을 끼 없어가꼬 배곯던 시절 말이다. 사전에 개떡을 찾아본께나 반죽하여 찐떡이라꼬 나와 있는데 그런 떡 묵는 거는 호사다. 진짜 개떡은 보릿가루 쪼매이에 보리 속등겨 잔뜩 넣고 반죽해가꼬 찐 기 개떡 아이가. 보릿겨로 만든 떡, 겨떡이 발음이 변해서 개떡이 된 기라.

입에 넣고 씹으문 거칠고 맛없고 냄새도 이상하고 그랬제. 그런 거 우찌 묵었냐꼬? 디지게 배 고파바라. 종일 굶다가 묵으믄 개떡도 구수한 기라. 그기라도 배부르게 묵을 수 있으문 다행이제.

봄 되모 산에 들에 풀들이 돋아나는데 막 돋아나는 보리싹 보고 있으문 기가 맥힌다. 쌀은 다 떨어졌고 보리가 익어야 보리밥이라도 해묵을 낀데 인자 손가락만 한 그 싹이 언제 익을란고 생각하믄 기가 안 맥히것나. 하모, 기만 맥히는 게 아니라 눈물 난다. 어른들 즈그 배고픈 거는 글타 치고 얼라들 배고프다고 보채는데 막 나오는 보리싹 보믄 눈물 안 나겠나 암시로.

그라마 보리 한 주먹에 보리 빻을 때 냉기놓은 보릿등겨에 밭두둑에서 캐온 쑥 한 주먹 넣고 버물라서 솥에 찌믄 냄새는 좋제. 하모 냄새 끝내준다 아이가. 배에서 곡식 익는 냄새 맡고 요동을 치는 기라. 글치마는 입에 넣고 씹어보믄 맛은 없제, 질기고 거칠제, 얼라들 그래도 한 개라도 더 묵을 끼라꼬 날뛰는 거 보믄 고마 어른들이 민망시러버서 얼굴 돌리뻔다. 뜨뜻할 때 묵으믄 그래도 낫다. 식어바라. 딱딱해가꼬 이도 안 들어갈라 칸다. 그것도 없어서 몬 묵었다 아인가베. 요새는 머라카노 그 쌀겨 말이다. 아 맞다. 미강! 그기 그리 영양가가 높다꼬 그것만 모아서 비싸게 팔드라 카이.

 개떡도 쑥 들어가모 쑥개떡, 호박 들어가모 호박개떡, 모시 넣으모 모시개떡 이제. 나는 몬 묵어봤는데. 오데 강화도 지방에서는 보릿가루에 파·간장·참기름을 넣고 반죽해가꼬 맹글어 묵는다 카는데 그거는 부잣집 개떡 아인가베.

 우리 갱상도에서는 보릿겨에 고매 빼때기 넣고 찐 것도 있는데 딴 지방에는 보릿겨가 없어서 메밀 속껍질 '나깨'로 맹글기나, 밀 속껍질 '노깨'로 맹글었다 카네. 우스분 거는 개도 킁킁 냄새 맡다가 안 묵고 돌아서는 기 개떡이다 카지마는, 울 부모님 세대는 개떡을 묵으문서 다들 보릿고개 잘 갠디고 살아왔제.

 속담에 천생연분에 보리개떡이라는 말이 있제. 잘살기나 못살기나 부자 아이라도 연분이 맞으믄 보리개떡 묵으믄시러도 행복하게 사는 부부 보고 하는 말이라 카대. 또 굶주린 양반님 개떡 하나 더 묵을라 칸다는 속담도 있데. 배고픈데 장사 없는 기라.

 자랑스러븐 대한민국이 개떡 묵든 시절을 발판으로 서 있다 카는 거 아이겠나. 그 시절 버티그로 해 준 고마운 식량인 기라. 그라이까 머 잘 안 된다꼬 개떡 같다 카지 마라.

　말해 놓고 보니 개떡 묵어보고 싶은데 맹글어볼라 캐도 인자는 보리 속등겨를 구할 데가 없네. 어데 미강이라도 한 봉지 사서 파·간장·참기름 넣고 찌서 무봐야 되것다. 옛날에 꿈도 못 꿨던 부자 개떡 인자 함 맹글어 묵어볼란다.

　느그는 무봤나? 부자 개떡을!

## 고매 빼때기를 아능교

❁

토영 하믄 고매, 욕지도 고매가 유명하다 아이가.
욕지도는 흙이 황토가 아이라 마사토라 카네. 그래서 다른 농사는 안 되는데 고매를 심으문 이기 완전 대박인 기라. 밤보다 더 맛있다꼬 소문 안 났나. 욕지뿐이 아이고 근처 섬에도 고매 맛 하나는 끝내준다 카이.

느그 빼때기라꼬 들어봤나? 고매는 덥고 습기 많으믄 썩어삐리는 기라. 오래 두고 묵을라 카믄 말리는 기 최고 아인가베. 가실 되믄 이 집 저 집 할 거 없이 지붕이나 팽상에 고매를 아슥 잘라 널어놓능데 그 모십도 장관이라 카이. 함 메칠 지나모 하얗게 고매 당분이 밀가리처럼 피는데 앞뒤 디비감시러 말린 기 빼때기 아이가. 말린 거 묵어바라. 달짝지근한 게 묵을 만하제. 내 어릴 짝에는 그기 우리들의 주전부리고, 밥 대용이었제.

1950~60년대에는 하루 세 끼 입에 풀칠하능 기 에러벘다 아이가. 그래가꼬 빼때기에다 물 붓고 신화당이라 카능 거 있제? 사카린 말다. 그거 넣고 푹 삶으문 몰캉몰캉해지문서 달달한 기 먹을 만했다 아인가베.

내 비밀 이바구 하나 해보까. 내하고 친한 친구가 있거덩. 이적지 내왕하는 친구인 기라. 내가 그 친구를 좋아하게 된 동기는 순전히 고매 빼때기 때문이제.

하루는 친구와 무신 이바구하다가 내가 고매하고, 빼때기죽 좋아한다 했디마는 저거 집에 가자 캐서 따라 안 갔더나. 즈그 할매가 빼때기죽을 한 그륵 가즉 떠주능 기라. 우와! 그기 을매나 맛이 있능고 기가 맥히더라꼬. 그때부터 갸하고 찰떡매로 친해짓뻤제.

부꾸럽구마는 고매 빼때기죽 얻어묵을라꼬 친해진 기 맞다. 그란데 자주 만나다본께네 나중에는 진짜로 친해짓뻤능기라. 그 친구는 할매가 빼때기 죽을 한솥 끓이노코 언제든 먹을 수 있그로 했거덩. 지는 질러서 먹기 싫은디 내가 맛있게 먹는 모습 보믄서 웃던 게 지금도 눈에 선하다 아이가.

빼때기죽도 시간이 간께네 진화하더라꼬. 팥과 돔부와 기장도 넣고 설탕 넣어가꼬 끓이바라 그 맛이 까박 자물신다. 내가 시집살이할 짝에 심심하문 빼때기죽을 끓이묵었는데 한 그릇 떠서 숨카났다가 며칠 후에 먹을라꼬 본께네 꼼패이가 핀 기라, 애끼다가 똥된 기제.

인자 묵고살 만한께네 빼때기죽이 지역 토속음식으로 알리지가꼬 전국에 팔리나간다. 상전벽해라 쿠드마는 그게 관광 상품이 될 줄로 누가 알았것노,

토영은 관광도시로 유명하거던. 섬 많제, 항구가 멋지게 생기서 동양의 나폴리라 쿠제, 명성 듣고 전국에서 오믄 반드시 묵어보는 기 고매 빼때기죽, 통영 꿀빵, 할매김밥 아인가베.

고매가 우리나라에 들어온 기 1736년 영조 때 조선통신사

였던 조엄이 대마도에서 가꼬 들어왔다 쿠네.

본래 이름은 **빼때기죽**이 아이고 절간고구마죽이라 쿠는데, 절간이라는 말이 잘랐다는 뜻이라 쿤다. 그래서 잘라가꼬 말린 고매로 만들어서 절간고구마죽이라능 거 아이가.

욕지도 가믄 고매로 막걸리도 맹그러가꼬 파는데 달달한 기 맛보면 안 먹고는 몬 배긴다.

오날따라 **빼때기죽**과 고매막걸리가 생각나네. **빼때기죽** 같이 묵던 친구 주야가 보고잡다. 언제 함 만나서 고매 막걸리에 **빼때기죽** 묵자 캐야 되겄다.

# 몬생기도
# 만세다

 오늘 낮에 어시장에 갔더마는 몬생긴 삼총사가 다 보이데. 몬생긴 삼총사가 머냐꼬? 아꾸, 쑤기미, 탱수 아이가. 그중에 탱수가 젤 몬생깄지마는 귀하기로는 최고제. 물미기? 그거는 몬생긴 삼총사에 대믄 고마 미스코리아다.
 아꾸의 원래 표준어는 아가리가 크다꼬 아귀제. 아가리가 숭칙하게 생기묵어서 글치 몸매는 말꼬름하이 괜찮다 아인가베. 쑤기미도 잘난 데 하나 없지마는 탱수 옆에 갖다 놓으믄 에법 화사한 기 물때 난다 카이. 살집 통통한 쑤기미가 화려한 옷에 성질 고약한 가스나라 카믄, 탱수는 퉁명스럽지마는 뒷맛 깊은 머스마 같제. 장미는 화려하지만 가시가 있제? 쑤기미도 화려하지만 가시에 독이 있능 기라.

오늘 장보기는 탱수가 당첨이다. 탱수는 아무리 잘 봐줄라 캐도 한 군데 말꼬름한 데가 없다 아이가. 그렇다 캐도 요래조래 뜯어보믄 또 어데 한 군데 독한 데도 없다 카이. 한눈에 봐도 개성 만점이제. '탱수'는 갱상도 사투리로 원래 이름은 삼세기라 쿤다.

탱수를 다섯 마리 사 가 와가꼬 다듬는데, 껍데기가 꺼칠꺼칠한 기 무표정에 말투 울퉁불퉁한 갱상도 머스마 딱 그대로다. 걸걸한 낯짝이 우째 예의라꼬는 없어 보이지만 다시 보믄 정감도 가는 기 머스마맹쿠로 안 생깄나. 두 마리를 냉장고에 넣어놓고 세 마리로 매운탕 푸짐하이 끓이가꼬 소주 한 잔 걸치모 분위기 좋것제.

냉장고에 두 마리 와 꼬불치 두냐꼬? 아, 술 마시믄 아침 해장해야 될 거 아이가. 저녁답에 매운탕으로 화끈하게 마싰으믄 아침에는 맑은 탕이 탱수의 또 다른 매력인기라. 메르

치 하고 디사마 우린 물에 남은 두 마리 넣고 대가리 딴 콩나물에 무 삐지넣코 국간장 액젓으로 간하믄 끝, 얼매나 시원한가 모린다. 식초 한 방울 더하믄 금상첨화인 기라. 몰이나 미나리 있으모 넣고 없으모 안 넣도 된다. 말이 필요없능 기라. 시원시원한 갱상도 머스마처럼 별 양념 안해도 씨언하게 넘어가믄서 엊저녁 불붙은 창자가 맬꼼해진다 카이. 몬생기고 울퉁불퉁해도 진국이데이.

이 좋은 거로 옛날에는 사람들이 보기도 싫다고 그물에 올라오는 족족 바다에 던져 넣었다 쿠네. 아꾸, 쑤기미, 탱수 몬났다고 천대받든 기 인자는 어시장 특급 스타다. 요즘은 여자들이 더 좋아한다 아이가. 갱상도 머스마라서? 문디, 그기 아이고 다이어트 식품으로 딱이라 안 쿠나. 열량은 낮제, 칼슘·무기질 풍부하제, 다이어트뿐만 아이라 고혈압과 골다공증에도 최고란다. '자고 일어나니 갑자기 유명해져 있더라.'는 말처럼 꾀기 사이에서 격이 확 달라짔다 카능 거 아인가베.

하기사 인자는 사람도 개성이 주목받는 시대가 온 기라.

요즘 한창 인기를 얻고 있는 남자 가수 K 함 봐봐라. 갸도 몬생깄다꼬 방송에서 보이콧 되가꼬 얼굴 없는 가수로 십여 년을 지냈지만 지금은 이 시대 최고의 가수로 인정받고 있다 아인가베.

옛날에는 미남 미녀 아이믄 주연은 엄두도 몬 내던 영화계에도 요새는 아꾸나 쑤기미·탱수 같은 개성파들이 더 두드러지더라 카이.

인자 맹실공히 개성 시대다. 대중문화는 이제 개성을 원하는 기라. 똑같은 제품이라도 그만의 개성을 드러낼 때 박수받는 것 아이겠나.

나는 탱수 봄시러 혼자 중얼거리 봤다.

"몬났다고 실망하는 젊은 아그들아, 힘내라 카이! 느그만의 개성으로 다시 시작하모 안 될 끼 없는 기라."

접시 위의 탱수에게 박수치면서 국물 한 숟갈 떠마신께네와, 진짜 씨언하네. 몬생기도 사람 속을 씨언하게 해주는 탱수, 몬생깄지마는 만세다!

# 발언하는
# 고등어



　　머시라, 내가 사람 잡는다꼬? 우리가 뭐 지나가는 남정네 멱살을 잡았나, 아이믄 장보는 아지매 치마 꼬리를 잡았나. 뭐라꼬, 사람 잡는 미세먼지를 분사한다고? 거 무신 귀신 씨나락 까묵는 택도 아닌 소리고 말다.

　이때껏 서민 식탁의 효자니, 건강 지킴이니, 등 푸른 생선의 대표라느니, 오메가 쓰리가 최고니, 항산화가 우짜고 하면서 추켜 줄 때는 언제고 인자 와가꼬 가자미 눈 뜨고 본단 말이고.

몇 년 전만 해도 부산에서는 우리를 시어市語로 지정했다 카이. 그때는 억수로 가슴 뿌듯했제. 그라믄 인자 우리 조상님들도 그간 공로를 인정받아 자갈치라 카는 괴기시장에다 커다란 조형물 하나 세워주고 작위도 하나 하사받을 줄로 은근 기대했다 아인가베. 거 머시라 카노, 조선시대 으뜸 봉작인 '대광보국숭록대부大匡輔國崇祿大夫'까지는 아이라 캐도 서민 밥상 기름지게 한 공로로 '서민보양숭록대부庶民補陽崇祿大夫' 그런 거는 하나 맹글어 줄 줄 알았제. 근데 갑작시리 낯빤데기 싹 바꾸면서 범죄자 취급을 하네.

풍문에 들은께네 노르웨이에는 펭귄도 기사 작위 받았다 카고, 전라도 임실의 오수견獒樹犬은 주인의 목숨을 구해냈다꼬 의견비까지 세워줏다 카대. 거는 한 사람 목심 살린 기고 우리는 자자손손 백성들 건강을 지킨 거 아이가. 솔직히 공을 따지면 비교가 안 되제. 쬐금 위로가 되는 것은 노라조라는 가수가 고등어 노래를 만들어 불렀고, 김창완 가수도 즈그 어무이와 동일시해서 노래를 불렀더라꼬. 제목이 〈어머니와 고등어〉 아인가베.

말이 나와서 하는 말인디 언제 우리가 내 잘났다고 턱 치키세우더나? 느그 인간들이 우리 좋다고 시장만 가면 아가미 들쳐보고 배때기 꾹꾹 눌러보고 침 삼키고 안 그랬나 말이다.

 한번 따지보까? 얼라 팔뚝만 한 고등어자반 두 마리에 팔천 원이면 거저제. 그 정도 크기의 조구나 우럭을 살라 카믄 두세 배는 주야 된데이. 갈치는 또 어떻고. 서민들이 잘 해 묵는다 케도 일주일에 한두 번씩 조구나 갈치 우럭 같은 거 묵을 수 있나? 꽁치·삼치·고등어, 이 등 푸른 삼형제가 국민 건강을 책임지고 온 거 아이가.

 그런데 정부 부처에서 "고등어 굽지 마라, 인체 치명적인 미세먼지 나온다." 말 한마디하는 순간부터 장보러 나온 사람들 눈알이 고등어자반 눈깔처럼 희득거리더라 안쿠나. 손으로 아가미 뒤집고 배때기 꾹꾹 눌러보던 거는 옛말이고 우리 머리를 손꼬락으로 가리키면서 머라 쿠는고 아나?

 "보소 아지매, 이거 꾸우믄 미세먼지 나온다 카는데 이리 팔아도 되는 기요?"

 아, 묵기 싫으믄 그냥 가믄 되는 거지 손꼬락을 오데 갖다 대는 기고? 그라고 미세먼지 우짜고 하면서 건강 축낼까봐

억씨기 겁내는데, 솔직히 느그 부모 세대 수명하고 비교하믄 조금 뻥 튀기서 두 배 가까이 늘었다 아이가. 백세 시대라카는 말 들어봤제? 과거에 환갑잔치를 와 했겠노. 그 나이꺼정 살기 어려워서 아이것나. 요즘 환갑잔치가 아이라 칠순잔치도 할똥말똥이라 쿤다.

고마 잘 묵고 맘 편하게 살믄 장수하는 기다. 그동안 느거들 건강 지키줏닥꼬 작위 안 주도 되고 조형물도 안 세워줘도 된데이. 잘 묵고 나서 오리발 내미는 거맹키로 헛소리나 해가 우리 간 희떡 디비놓지나 말믄 좋것다.

뭐 인자 와서 뭐라, 그런 말 한 적 없다고? 그카마 돌아봐라. 고등어 잡는 어민들 한숨 푹푹 쉬고 고등어 가공업자들 파산지경이라 카는 거 듣고도 그케 할끼가?

장에서 우리를 가자미눈으로 째리보믄서 살똥말똥하는 아지매나 우리를 애물단지 쳐다보듯 하는 사람들에게 내 딱 한 마디만 하꾸마.

"비싼 조구(조기)나 감시(감성돔) 사 묵고, 인자 우리를 바다로 보내 주라! 항산화 좋아하네. 꽁치야, 삼치야, 오메가 쓰리 싹 챙기라. 바다로 가뿌자!"

발언하는 고등어

# 안방 삼총사를
# 알란가 모르겠네

　　제목을 요래 붙이논께네 쪼매이 헷갈리제? 와 아이라. 그 머시기 프랑스 소설가 '알렉상드르 뒤마'가 쓴 고전 소설 〈삼총사〉가 아이라 카능 거는 미리 말해두꾸마. 그란께네 주인공 달타냥 볼 끼라꼬는 꿈도 꾸지 말거레이,

　요 삼총사는 옛날 안방에서 밤새 자리 지키던 기라. 그기 요강하고 자리끼 하고 타구唾具라 카능 거 아이가. 사십여 년 전 시집살이할 적 일이 생각나네. 시아부지 계시는 안방에도

삼총사가 있었제.

　마 요강이사 다 아능 기고, 자리끼도 알 만한 사람은 다 알것제. 그런데 타구는 요즘 젊은아들은 잘 모르끼구마. 타구는 말다, 어른들이 밤에 침이나 가래를 뱉는 용기인기라. 요새맹크로 화장지가 있던 시절도 아이고 조오 쪼가리라꼬는 귀한 한지뿐인데 거 뱉을 수는 없능 기거던. 곰방대에 독한 잎담배 피아싼께네 가래가 우예 안 나오것노. 글타고 자다 몇 번 쓱 일나가꼬 밖으로 나가기도 글타 아이가.

　종 부리던 시절에사 여종이 담당해가꼬 저녁마다 갖다 놓재마는, 근대 들어가꼬는 메느리들이 했다 아인가베. 그 메느리들이 바로 우리 옴마 세대들로 지금 80대 할무이들이제.

　곰곰히 생각해보이께네 나는 이 삼총사를 한 번도 치안 적이 없는 기라. 메느리 애끼는 시어무이의 배려였다는 걸 인자싸 알게됐다 카이.

　자리끼사 머 떠다놓으믄 그마이다. 요강은 비울 때 냄새 쪼매이 참으믄 되고, 그런데 요 타구라 카능 거는 암만 캐도 적응이 안된다 카드라네. 끈적한 가래 묻은 그거로 물에 흔들모 씻끼나 말다. 달라붙어가꼬 짚수세미로 박박 문질리삐야 되는데 고무장갑이 오데 있노, 맨손 가꼬 해야 되능 기라.

　그래도 메느리라 카모 우짜든 간에 저녁마다 안방에 삼총사를 갖다 놓아야제. 깜빡 이자뿌고 안 갖다 노으모 고마 불호령 떨어진다 아이가. 이웃집에 성격 드센 시아부지는 요강 집어떤지삐기도 했다능 기라. 빈 요강이모 그나마 괜찮크로. 시아부지 찌릉내 나는 오줌을 뒤집어썼는데 얼마나 안스러웠는지 모린다.

　타구는 보통 놋쇠로 맹근 거로 썼다 카데. 울 시아부지 타구도 놋쇠였제. 쪼맨한 요강매로 생기가꼬 높이는 보통 10센티 아래고 똥그란기 입구 쪽은 나팔맹쿠로 벌어지가꼬 있능 기라. 잘사는 집에는 도자기로 썼다 카는데, 한 손아귀에 쏙 들어오능 기 보믄 귀엽데이.

　그란데 타구 씻는 것도 그릇 종류 따라 다르다 칸다. 놋쇠로 맹근 거는 가래가 잘 안 떨어지가꼬 짚을 모아지고 손을 넣어가꼬 긁어내야 되능 기라. 그란데 도자기로 맹근 거는 물 부아넣코 몇 번 휘휘 돌리모 떨어지 나간다 카능 거 아이가. 가난해가 놋쇠 타구 살 행팬도 안 되는 집에는 아들이 직접 맹글었다쿠네. 아부지가 겨울밤에 가래 뱉으러 나가모 감기 든다꼬 나무로 깎아가고 드리는 기라. 아들이싸 효도한다꼬 그랬지마는 메느리는 을매나 힘들 것노. 짚으로 싹싹 비비내도 깎은 자국 사이에 끈적하그로 묻어가꼬 한겨울 타구 씻는닥꼬 눈물콧물 빼능 기라.

그란께네 도자기 타구 쓰는 집 메느리는 금수저고, 놋쇠 쓰는 집 메느리는 은수저고, 나무 타구 쓰는 집 메느리는 흙수저쯤 될랑갑다.

요새는 담배 피아가꼬 연기 뿜어대기만 해도 눈총 받는데 가래까지 뱉아싸믄 욕바가지로 묵는데이. 그만해도 한국 마이 좋아지고 선진국 됐다 아인가베.

재미있는 거는 이리 더러븐 타구가 인자는 골동품으로 대접받는다 카는 거 아이가. 언젠가 〈TV진품명품〉 프로에 고급스런 도자기가 소개됐는데 '청화백자칠보문타구'라꼬 판명났다 아인가베. 조선시대 타구는 골동품 가치가 있어가꼬 가격도 실하게 받는다 쿤다. 그기 골동품 대접받을 줄 누가 알았겠노, 오래된 도자기 요강도 출세했다 아이가.

사람도 알고 보믄 오래된 사람이 지식도 마이 축적됐제, 세상 헤치나가는 지혜도 있제, 나이묵을수록 훌륭한 골동품 못지 않은 기라는 거 와 모릴꼬. 그거로 알아주는 사회가 우리가 바라는 사회 아이것나. 그래해야 젊은 아들도 즈그 늙으모 골동품 대접 받을란가 폐품 취급 받을란가 생각해 볼 낀데 말다. 내 말 맞제?

제 3 부

세상살이 시비 쪼매이
걸어보는 이바구

# 개 팔자,
# 개 거튼 팔자

　장날이라 장에 갔더마 웬 할매가 똥강새이 팔라꼬 플라스틱 바구니에 담아났데. 폴 사람이나 살 사람이나 고마 강새이 모가지로 잡아가꼬 들따가 났다 카는데 강새이가 아픈가 깽깽거리는 기라. 참 개 거튼 팔자 아닌가베.
　찬거리를 사갖꼬 가는데 애견센터가 보이는 기라. 센터 직원이 젊은 새댁에게 개를 보여주는데 보물단지 싸안는 거맹쿠로 아듬고 보이주데. 새댁도 안아갖꼬 쓰다듬는 기라. 쪼매이 전에 장에서 본 강새이하고는 팔자가 다른 기 센터 개는 상팔자 아인가베.

그기 오데 개뿌이겄나. 사람이라꼬 별시리 다를 것도 없능 기라. 내 아는 아지매 아바군데 말다. 처자가 꽃 거튼 나이에 남편 얼굴도 몬 보고 시집을 갔는 기라. 아부지 하는 말이 부잣집이라 가믄 밥은 안 굶는다 캐서 갔는데, 시어무이한테 구박 받아 가믄서도 묵고 사는 거 걱정 안 하고 사는 기 오데 고 싶어가꼬 그냥 살았능 기라. 그란데 이 남편이 술과 놀음에 미치가꼬 재산 다 날리뿐 기라. 배는 남산만 한데 빚쟁이 몰리와가꼬 집에서 쫓기났다는 거 아이가.

친정에 간께네 출가외인이라고 또 쫓아내제. 그래 촌에 가서 넘으집 문간방에서 아들 낳고 종살이하는데 이기 크문서 또 말썽이라. 파출소를 집처럼 들락거린께네. 고생고생하다가 그래도 늘그막에 우째 괜찮은 남자를 만나가꼬 함 살아보나 했드마는 남자가 중풍이 온 기라. 고생고생 병수발해가꼬 남자가 쪼매이 낫을 만한께네 덜컥 지가 아픈 기라. 암 말기라 카네. 세상에 그런 팔자가 오데 있겠노 말다. 진짜 개 거튼 팔자 아이겄나.

누구는 금수저 물고 태어나가꼬 유학 가서 또 금수저 남편 만나 결혼하고 서른에 사장 되고 마흔에 회장 되는데 그런 상팔자가 없제.

말해노코 본께네 개팔자하고 개 거튼 팔자하고 우째 이리 어감이 다르노. 나는 어느 쪽일란고 생각해본께네 어릴 때는 개 거튼 팔자였지마는 지금은 개팔자라 카믄 되것네.

인간들이 하는 욕 중에서 개맹쿠로 마이 비유되는 동물이 있겄나. 외로분 사람 반려가 되어주제, 도둑 지키제, 주인 보호하제, 그런 개로 우짜자꼬 욕설의 대명사로 만들었실꼬. '개새끼'니 '개 같은 놈'이니 '개보다 못하니' 해쌈시러 상대방을 욕할 때마다 거론되는 이유는 아무리 생각해봐도 한 가지뿐인 기라.

개들은 사람 사는 공간에는 안 가는 데가 없다 아이가. 뭐 그거사 좋은데 이것들이 골목이고 마당이고 안 가리고 흘레붙는단 말이거든.

옛날에사 대가족이 모여 살았다 아인가베. 여름날, 팽상에서 수박 잘라 묵고 손자들이 할부지께 옛날 이바구 듣는데 난데없이 마당 한쪽에서 개들이 그카는 거 삼대가 함께 지켜

봐야 된단 말이거덩. 서로 멀뚱거리다가 할배가 묵던 수박을 집어던짐시러 고함지르능 기라.

"에라이, 개노무새끼들!"

할배 고함에 정신 번쩍 든 아부지가 부지깽이 들고 뛰이가서 뚜드리패고 안 그랬나. 아무데서나 그 짓거리를 한께네 개 같은 짓거리라는 말도 생기고 개가 욕의 대명사 된 거 아이겠나.

요새 애완견은 멋진 개 호텔에서 신방도 채리준다 카대. 우짜든가 개나 사람이나 개 거튼 팔자 되지 말고, 개팔자 상팔자가 돼야 될 낀데, 그랄라 카믄 넘한테 존경은 못 받을값에 욕은 안 묵고 살아야 하는 기라. 말해 노코 보이께네 뒤통수가 근지럽네. 느그는 괘않나? 뒤통수 말다. 쪼매이 근지럽다꼬? 그라마 앞으로 말이나 행동 더 조심하자 카이.

# 고백 쪼매이
# 할라꼬예

　하나님요, 오늘은 고백 쪼매이 할라꼬예.
　고백은 성당 가서 신부님한테 하라꼬예? 아이고, 그거는 몬하것심더. 신부님도 사람이고 내 숨카논 이바구 다 듣는 긴데 그걸 우째 다 까발리겠심니꺼. 내사 마 다른 사람들맹크로 도와달라 카는 말은 안 하겠심더. 교회도 안 댕기는데 도와달라 카모 하나님도 기분 벨로 안 좋을 끼라예.
　사람 의심하능 기 나쁜 긴 줄은 암시롱 남펜 모르그로 슬쩍이 휴대폰 디리다볼 때도 있고, 친구하고 다른 사람 흉보다가 그 사람 만나모 안 그란 거처럼 웃고 떠들 때도 있다 아입니꺼. 또 개인적으로 밥 묵음시러 회사카드 가꼬 끊은 적도 있꼬예.

한번은 친구가 피부과에서 일주일 동안 관리받았다꼬 자랑하능 기 아입니꺼. 그란데 내사 아무리 봐도 별 차이가 없능 기라예. 그래도 친구 섭하게 할 수는 없능 기라서 "와, 한 십 년은 더 젊어짓뿌릿네!" 캤더마는 친구 하는 말이 "맞제? 그란데 영숙이 그 가스나는 머라 카는 줄 아나? 하나도 안 좋아졌다 카능 기라. 문디 가스나 배 아푸믄 아푸다 카등가!"

내가 맘에도 없는 이바구했는데, 바른 말 한 친구 말은 안 믿고, 거짓말한 내 말은 믿는 거 아이라예. 이 거짓말한 거 벌 받아야 되능 깁니꺼? 세상이 하도 복잡해지가꼬 인자는 뭐가 옳고 그른지 모르겠심더. 남팬 휴대폰 디리다본 것도 죄고, 공금 서너 번 쓴 기나, 친구 기분 좋으라꼬 거짓말한 기 죄입니꺼?

그라모 말입니더, 하나님요. 내가 한 짓이 벌 받을 일이라 카모, 요새 산업스파이들이 기업 비밀 디리다보고 훔치가꼬 국가에 엄청 손해끼친다 카는데 이거는 휴대폰 디리다보능 거 하고는 차원이 다르다 아입니꺼. 그 사람들은 와 벌 안 받고 멀쩡할까예? 회사카드로 밥값 긁은 기 잘못됐으문 국민 세금 착복하는 사람들은 와 부자로 살까예? 선의의 거짓말 쪼맹이 한 기 나쁘문 악의적인 거짓말하는 인간들은 와 활개치고 댕기능 걸까예?

 아, 실습니더. 넘 흉볼라 카능 거는 아인데 고마 그래 돼뻤네예. 우짜등가 내가 잘못한 기 있으문 벌주시모 달게 받을랍니더. 그란데 내보다 더 큰 잘못하는 사람도 꼭 벌 쫌 주이소.

 그라고예, 이거는 절대 도와달라 카능 거는 아이고 푸념하능 깁니더. 사실은예 작은아가 나이가 마흔을 넘깄는데에 아직 장가를 몬 갔다 아입니꺼. 객지에서 일한다꼬 그만 혼기를 놓쳐뻿지예. 내 맘이 아파 죽을지경이라예. 또 하나 더 있십니더. 작년에 남펜이 심장이 안 좋아서 죽었다 살아낫어예. 스텐든가 뭔가 하는 시술을 했는데 이거는 약 잘 안 챙기모 치명적이라 카능 기거든예. 그란데 약을 안 챙기 묵어서 내사 마 밤에는 몇 번이나 디리다보고 합니더. 운동도 심하게 하모 안 된다 카는데 내 말은 씨알도 안 믹히는 기라예.

　심지어는예, 하고 잡은 거 다 하다가 죽는 기, 안하고 오래 사는 것보다 좋다 캄시러 나이 칠십 넘짓는데 젊은 머스마들 만콤 운동하능 기라예. 아침에 베드민턴 가지예, 저녁답에는 헬스하고 탁구도 친다 아입니꺼. 의사가 조심하라 카는데 그 말은 안 듣는 거라예. 간 큰 남자지예?

　지는 걱정이 많다 본께네 잠이 안 와서 술 한잔해야 게우 잠이 들거든예. 아이고, 미안합니더. 하나님 앞에서 술 얘기 하믄 안 되는 거 아는데 고마 깜빡했심니더.

　하나님요! 가족 얘기한 거는 절대로 도와달라 카능 건 아입니더. 도와달라 카는 신자들도 엄청시리 많을 낀데 내꺼정 도와줄 시간 없다 카능 거 잘 압니더.

　그렇다 캐도 가끔 안 바뿔 때 있으시모, 진짜 한가할 때 있으시모, 곁눈질이라도 한 번 가족들 실찌기 봐주이소.

　오늘 고백 들어주셔서 고맙십니더예. 속에 있는 이바구 다 풀어 놓으니 가슴이 고속도로만큼 시원하게 뚫렸어예. 하나님, 제가 교회 가지는 몬해도 사랑합니데이. 마음으로 새기고 있겠십니더.

# 느그가
## 빈티지를 아나

빈티지?

나도 빈티지가 머신지 다 안다 고마. 나이 쪼매 들었다고 그리 시대 덜떨어진 사람은 아이다. 내도 왕년에는 쪼께 멋 좀 지기고 안 다닌나. 글타 캐도 이거는 쫌 너무한 기라.

옆집 젊은 아가 신은 운동화라 카능 기 때가 꼬질하게 묻어 더러워 못 보겠능 기라. 그래서 쫌 빨아 신어락 캤더마는 머라 카는 줄 아나? 원래 그래 만들어갖고 나온 신발이락 쿠네. 내 참 기가 차서 말이 다 안 나온다.

　무신 운동화로 만들 때부터 때가 꼬질꼬질하게 묻히갖고 나온단 말이고. 근데 그기 유행이라 쿠네. 낡은 폿때 내는 거는 글타 치고, 일부러 더럽구로 만들어갖고 신는 거는 도저히 이해 몬 하겠능 기라. 그런데 더 이해 몬하 능기 먼 줄 아나. 그 신발 한 켤레 값이 삼십만 원짜리부터 칠십만 원까지 한다 칸다.

　더 웃기는 거는 더러븐 운동화 사 신을 끼라꼬 편의점 알바한다는 거 아인가베. 이기 말이 되는 기가. 젊은아들이 그런 거 입고, 신고, 지 꼬라지 맬꼼하이 해보겠다 카는 거 아이가.

　손바닥만 한 빈타지 치마가 유행한 적도 있었제. 치마가 무르팍을 지나서 한참 올라가다가 우째 잘못 걸으믄 달가지 사이로 빤쭈가 보일 만치 올라갈 때도 있었다 카이. 육교 올라갈 때는 핸드백을 똥꼬 뒤에 받치야제, 식당에 앉을 때는 손수건 끄집어내갖고 허벅지 위에 덮어야제, 불편해 보이는데도 그리 억수로 부러븐 적도 있었다 아인가베.

　나이묵은 어른들은 젊은 아그덜 지나가모 쌔빠닥 쯔쯔 차믄서 "문디 가스나들이 옷 만드는데 베쪼가리가 모자라나, 꼬라지가 저기 뭐꼬!" 하믄, 딸아들은 유행도 모르는 할매들이 머라카노! 하믄서 못마땅하게 생각해댔제.

우스분 거는, 서울에서 손녀가 입고 내려온 찢어진 빈티지 청바지를 자고 일어난께네 외할매가 기버놨따는 거 아이가. 나도 부꾸러분 과거사가 있제. 큰애가 고등핵교 다닐 적에 지 용돈 모아가 거금 주고 청바지를 사왔다 쿠대. 근디 보니 무릎팍이 찢어져 있는 기라. 내사마 잘한다꼬 재봉틀에다 정성껏 천을 부쳐 누비났다 아인가베. 우찌됐것노, 상상해 보거래이.

빈티지는vintage는 오래된 기라는 뜻이라 쿠네. 일반적으로 낡은 스타일을 지칭하는 긴데, 구식의 친근함과 낡아 초라해보일 수 있는 것을 새롭게 개성적으로 표현하는 기 진정한 빈티지인 기라. 부족함 속의 여유! 또 소외된 것에 미적 가치를 부여하는 깊은 안목과 센스, 바로 그기라코 안하나. 본래 낡은 옷을 멋스럽게 입어내는 패숀감각이 중요한 기라. 걸뱅이맨쿠로 꼬지지한 거 비싼 돈 주고 사서 입고, 신고, 걸친다고 빈티지 멋쟁이가 아이란 말이제. 우리 젊은 시절에, 나는 그리 못해봤지만, 진짜 멋쟁이들은 청바지 낡으면 낡은 대로, 까맣게 물들인 군용 야상점퍼 소매 해진 거, 운동화 뒤꿈치 닳은 거 꺾어 신고 폼 안 잡았나.

그래서 함 찾아봤다. 그 무신 골덴 머신가 사십만 원짜리 운동화에 또 머시라? 아무나 배터진인가 배처진인가가 하는 오십만 원짜리 빽에, 빤쭈가 보일똥 말똥하는 청반바지에 헐렁한 박스티꺼정 입는다 카믄 백만 원은 훌쩍 넘는 기라. 근데 딱 보믄 바로 걸뱅이 중에서도 상걸뱅이 스타일이다.

어떤 광고인은 현대 물질주의에 대한 반항의 의미라고도 하더라마는. 꼬질한 꼬락서니에 거금을 투자하는 그거는 패셔니스타가 아이고 골빈스타 아니것나 하는 생각이 들구마.

'가난한 젊은 시절에 반항정신과 자신만의 멋으로 즐기는 기 빈티진데, 정신 몬 차리고 돈 쎄리들이부아 같고 주렁주렁 걸뱅이맹쿠로 걸치믄 인격이 빈티지 된다 카는 거 잊지 말거래이.'

손녀에게 이리 이바구해주모 시대에 덜떨어진 할매라꼬 흉볼란가 모르것네.

# 머시라,
# 이벤트라꼬?

　요즘 젊은아들 이바구 들어본께네 쪼매이 웃긴다카이. 을매 전에 조카가 애인 만난 지 100일째에 이베튼가 머신가 안 해주가꼬 채있다 안 카나. 이벤트? 그기 머시라꼬 그거 안 해주따꼬 헤어지나.
　그래서 요새 머시마들이 즈그 애인 이벤트 땜에 바싹 긴장한다 쿠네. 만난 지 50일, 100일, 150일 그걸로 우찌 다 기억하는 긴지. 달력에 표시해 놓고 맨날 그거만 세고 있나 말다. 날짜 넘기믄 하늘 무너지는 줄 안다 쿤다. 여자친구가 잘 보는 자동차 앞 유리 같은데 사랑한다 쿠는 메모하고 선물 나뚜는 거, 비싼 핸드백 사주는 거, 라디오 방송국에 사랑한 타 쿠는 메시지 보내는 거, 카페 전세내가꼬 촛불로 바닥에 하트와 이름 쓰고 와인 묵으면서 덜 익은 꼬기 썰어가꼬 밥 묵는 거. 하이고 내 참말로, 즈그 어무이한테는 양말쪼가리 하나 안 사줌시러 애인한테 하는 거 보믄…. 하기사 애인 이벤트해 준다꼬 어무이 주머니 안 털어가믄 다행이제.

　무신 기념 날은 그리 많을꼬. 1월은 다이어리데이라꼬 다이어리 사준다 쿤다. 2월은 발렌타인데라꼬 쪼꼬렛 사주고, 3월은 화이트데이라꼬 누깔사탕 믹이고, 4월은 머시라 블랙데이? 그기 무신 뜻인고는 모르겠다마는 일단 짜장면 묵는다 쿠는 거는 맘에 드네. 우리 낫세에 짜장면 안 좋아하는 사람 있을꼬.

　5월은 옐로데이에 로즈데이라코 카대. 묵는 거는 글타 치고, 장미도 주야 된다 카네. 6월은 키스데이, 7월은 실버데이라꼬 은떵거리 선물한다 쿠고, 8월은 그린데이라꼬 산에 가라 쿠는데 이것도 맘에 든다. 9월은 음악 듣고 사진 찍으라 쿠는데 그라모 딴날은 음악 안 듣고 사진 안 찍는지 웃끼제.

　10월은 단풍 든다꼬 와인데이라 카는데 내사 딱 깨놓코 말하는데 막걸리가 더 조타. 11월은 오렌지데이라 카드마는 이왕이모 밀감 묵는 날이라 카모 어떻껬노. 머 연인끼리 잘 사기는 거사 좋제. 그란데 한 해 동안 안 깨지고 사길라꼬 머스마들 있는 돈, 없는 돈 팍팍 씨문서 언제 돈 모아가꼬 장가가겟노. 그라다보이께네 돈 없는 머시마는 연애도 못해보는 기라. 부모들이 공들이가꼬 키운 자슥이 그카고 다니는 거 알믄 얼마나 한심하것노.

　우리는 그런 거 안해도 이적지 잘만 산 기라. 아, 물론 시대 달라진 거 내도 안다. 젊은 사람들 이벤트하고 깨 쏟아지모 좋지만, 그기 지나치모 문제가 된다 아이가. 만난 지 100일 기념 이벤트 안 해줏따꼬 차인 거는 암만 생각해도 잘 차인 기라. 그런 여식아는 싹수가 노랗제.

　우리 젊었을 때하고 비교하자 카는 거는 아이다마는 그래도 함 들어보래이. 내 때는 말다, 연락 방법이 없능 기라. 그캐서 우째 연락돼가꼬 만나기만 해도 맘 설레였제. 겨울 같으모 춥다꼬 다방이나 국밥집 안 갔나. 지름 둥둥 뜨는 돼지

국밥 한 그릇 시키노코 마주 앉으모 그마이 따뜻한 기 없능기라.

생일맨치로 특벨한 날 같으모 우짜다가 선물 챙기 줄 때도 있는데 장갑 한 켤레 받으모 결혼 전까지는 그거 한 개로 이벤트 끝이다. 그래도 행복했제. 그란데 내맹크로 장갑 한 번 몬 받아보고 시집간 여자도 천지삐까린 기라.

그라이까네 우리 때 이벤트라꼬 남자가 해주능 거는, 짜장 아이모 국밥이고, 선물이라 카믄 장갑이나 목도리 정도 아이었나.

탤런트 누구누구는 마누라에게 이벤트를 자주 해준다 케서 여자들의 부러움의 대상이긴 하제. 그렇지만 그거 기준으로 삼지 마래이. 이거 다 상술로 맹글어낸 거라 카능 거는 알고 있겠제? 상술에 홀리가꼬 소중한 사람 놓치는 일이 있어가꼬 되갔나. 하기사 소중했으믄 그걸로 헤어졌을라꼬. 씰데없는 구실이제.

나도 젊은아들 이벤트하는 거 반대는 안 한다마는, 암시롱 적당히, 분수에 맞게 하라카이. 이벤트보다 사람이 먼저 아이가. 결혼은 절대로 이벤트가 아이데이.

# 문어가 시월이라꼬?

가을이 올 짝마다 시월 달력 보마는 목에 가시 걸린 거 메로 기분이 쪼매 껄끄럽다 아이가. 영어로 옥토버October는 8월이라야 맞능 거 아이가 말다. 문어 다리 여덟 갠 줄 모리는 사람 없제? 그라마 8월이라야 맞능기제. 모세가 시나이산에서 여호와한테 받아 온 거 안 있나. 그래 십계(decalogue) 바로 고거. 십계는 열 가지 계율 아이가. 그란데 우째 12월(december) 됐삐릿을꼬.

아 내도 안다. 와 그렇키 됐삐릿능고 내도 다 찾아본 기라. 본시는 로마의 한 해가 지금의 3월에서 시작했다 쿠네. 그래 가꼬 지금의 2월에 끝났다 카능 거 아이가. 그라고 8월은 라틴어로 옥토베르(oktober). 9월은 노벰베르(november), 10월은 데셈베르(december)라고 불렀다 카능 기라. 그런데 새해에 집정관으로 취임하기로 되어 있던 율리우스 케사르 줄리어스 시저 말다, 시저가 취임을 빨리 하고잡아서 새해의 첫 달 3월꺼정 몬 기다리고 11월을 1월로 정해 삐린 기라. 고마 그래가꼬 두 달씩 자리가 밀렸다 쿤다. 그라이까네 택도 아이그로 8월이던 옥토버(october)가 10월이 됐삐고 디셈버(december)가 12월이 됐능 기라. 그기 우리가 역사책에서 배운 율리우스력이제.

그란데 내가 우째서 그거 때문에 맘이 꼬꼬당하이 꼬부라지냐꼬? 생각해 보거래이. 권력만 가지모 시간도 지 맘대로 바꾼다 카능 거 아이가. 아무리 무소불위 권력이라 칸다 캐도 시간을 지맘대로 바꾼다 카능 거는 너무 심한 거 아인가베. 그런 순 엉터리 이름 붙은 달력을 그 뒤로 천오백 년 넘게 사용했다 카능 기라. 그레고리우스력이 나온 16세기꺼정.

그레고리우스력도 만든 과정이 재밌더라꼬. 1582년 10월 4일(목요일)에 이불 속에 자러 들어간 로마 사람들은 말캉 다, 10월 15일(금요일)에사 깨어났다 카능 거 아나? 하룻밤 잤는데 열흘이 사라짔삔 기라.

단지, 달력에서만 열흘이 없어짔삔 기제. 태양 주기하고 안 맞는 달력을 마출라꼬 열흘을 싹 뺐삔는데 그기 바로 그레고리우스 13세가 맹근 그레고리우스력이라 크네. 그레고리우스력은 머 알다시피 지금 우리가 사용하는 바로 이거 아이가. 10월이 문어October라꼬 되어 있능 거.

서양에서 즈그 맘대로 휘두른 권력이 시간꺼정 되는 대로 하고잡은 대로 섞어삐고 그 이상한 달력을 우리가 쓰고 있는 긴데, 이거는 우째보믄 정서적 횡포 아인가 싶은 기라.

서양달력인께네 라틴어로 하든가 영어로 하든가 그거는 상관없능 기라. 글치마는 달가지 여덟 개짜리가 우째 10월이 된단 말고. 서양역사인께네 그냥 모린 척하라꼬? 즈그 역사가 시간가꼬 장난친 기라 카모 우리가 그거꺼정 받아들일 거는 없다는 생각이 쪼매이 들구마.

고마 오징어로 하모 안 되것나? 오징어는 달가지가 10개인께네 딱 맞다 아인가베. 종자도 비슷하고 먹물 든 것도 같고 이름 의미도 비슷하네. 우리는 문어를 대가리 먹물들었다꼬 글월 文자 써가꼬 문어文魚라꼬 안 카나. 서양 사람들도 오징어가 글 쓰는 잉크 들었다꼬 잉크피시inkfish라꼬 한단 말이거든. 우리로 치믄 내나 문어하고 같은 기라.

안다. 이런 소리 찌꺼리싸문 맛이 살짝 간 인간이라꼬 놀림 받는다 카능 거. 그렇지마는 권력이라 카능 기 국민을 편케 해주면 이런 생각 안할 긴데. 그란데 정치하는 권력자들이 국민을 힘들그로 하면 고마 달력에 문어가 밉상처럼 보인단 말이거든.

힘도 없고 **빽**도 없는 서민이 권력자들한테 대들도 몬하고 시비도 몬 걸고 속은 쓰리모 우째야 되긋노. 이런 거 가꼬라도 혼자 시비 걸고 속풀이 쫌 하것다 쿠는데 그기 그리 밉상처럼 보이나? 내가 달력가꼬 시비 건다고 놀리지 마래이. 그래도 이래 혼자 푸는 거는 양반인 기라. 술 퍼묵꼬 허공에 삿대질하믄서 욕하는 사람보다는 안 낫나. 10월은 오징어 inkfish – 거 존네. 누가 머라 캐도 내한테 10월은 오징인기라. 씨부리고 난께나 속 씨언하네.

# 상어가 와 빠른지 아능교?

　　내는요, 상어라 카능 기 바다에서 제일 무시븐 기라꼬 생각했거든요. 아매 다 그리 생각할 끼구마는요. 아 뭐 상어한테 이길 물괴기가 오데 있겠십니꺼. 크로커다일(Crocodilia)이라 쿠나 머라 쿠나 땅에서도 살고 바다에서도 산다 카능 거 그기나 상대가 될랑가 모르겠지만요. 그란데 알고 본께네 상어 이기 또 억수로 불쌍한 물괴기라 카네요.

　　딱 보매 불쌍할 건덕지가 없능 거맹쿠로 생기지만요. 이빨이라 카능 기 무신 전기톱맹키로 생기가꼬 물었다 카마 가리가리 찢어삐는데 우찌 안 무섭겠심니꺼. 눈깔은 또 어떤 기요. 가죽에 시꺼먼 구멍 뚫린 거맹키로 생기가꼬 감정이라 카능 기 하나도 없능 거매로 안 생깄심니꺼. 우리가 살아 있는 생명하고 마주 봄시러 제일 먼저 보능 기 눈까리 아입니꺼.

소 눈까리 함 보이소. 참 선하게 생깄지요. 눈물이 글썽해 가꼬 가마이 치다보매 우머어어! 하고 우능 기 측은하더라 아입니꺼. 토끼눈 봤지예. 눈알이 또록또록 겁먹은 거맹키로 보이더라 아입니꺼. 하다못해 개눈까리도 주인한테는 엄청시리 선한 빛 아이등가예.

그란데 상어 눈까리는 꺼멍 기 감정이라 카능 기 하나도 없는 짐승 같은 기라요. 그라고 가죽은 와 그리 꺼끌거리능고 그기 방패비늘이라 카능데, 척추동물의 이빨하고 구조나 발생의 기원이 같은 기라능 깁니더. 피부 꺼끌거리능 기 이빨이 변했다 카능 거라예. 그래서 피치(皮齒, dermal denticles)락꼬도 한다 카는데 진짜 온몸이 무기 아입니꺼.

상어가 우찌 불쌍하냐꼬요? 상어는 안 움직이모 죽는다 카능 기라예. 다른 물괴기맹쿠로 아가미를 움직이가꼬 물로 빨아들이고 내보냄시러 숨쉬능 거는 안된다카네요. 우짜등가 빨리빨리 움직이가꼬 아가미에 물이 자꾸 지나가그로 해야 산소를 얻는다 카능 기라예. 가마 있으모 숨을 몬 쉼께네 죽능 기고요. 알고 본께네 상어는 몸띠이를 물에 뜨게 해주는 부레가 없어 잠잘 때도 움직이고 죽자고 움직이싸야 산다능 거 아입니꺼.

'동물의 세계' 보마는, 산호초 안에서 팔자 좋쿠로 살랑살랑 움직이는 물괴기맨치로 살아보능 거는 꿈도 못 꾼다 카네요. 신체 조건이 안 좋쿠로 태어났응께네 안 죽을라카믄 죽을똥말똥 움직거리야 된다 카이 불쌍한 기라예.

사람은 오데 안 그렇심니꺼. 처음부터 좋은 집에 태어났시모, 산호초 안에서 살랑살랑 한가한 물괴기맨치로 살겠지마는 없는 집에 태어나믄 몸띵이 하나 죽자고 굴리야 묵고사능 거 아입니꺼.

그란데 말입니더. 생각해 본께네 상어한테서 배울 끼 있능 거 같심니더. 성공한 사람들을 연구한 학자가 머시라고 써놓은 긴데 성공했다 카는 사람들 대부분이 어릴 짝에 오만 가지 장애물로 고통 받은 경우가 많다 카능 기라예. 그기 금전적이든 정서적이든 환경적인 것이든 간에 말입니더. 잘사는 집 자식맹쿠로 풍족하지 몬한께네 그거로 극복할라꼬 노력하다 보이 성공했다 카는 거 일리가 있지예?

　상어라 카는 짐승은 부레도 없제, 아가미도 움직이지 몬하제 그런 장애물을 가꼬있다 보이께네 공격적인 무기들로 마이 갖춘 거 아이겠심니꺼. 성공한 사람도 마찬가지고예. 머글타 캐서 내도 상어처럼 성공하겠다 카는 거는 아입니더. 우짜등가 상어한테서 배울 교훈은 있다 그 말이지예. 내사마 쪼매이 손해 보고 쪼매이 덜 묵어도 산호초 안에 열대어처럼 여유로 가꼬 살 낍니더.

# 언놈
# 물믹이나

"머시라 언놈 물믹이나? 나도 니 엿 믹이주까?"

내 뒤통수에 대고 지르는 소리에 깜짝 놀래가꼬 돌아보이께네 어떤 남자가 휴대폰에 대고 고래고래 소리지름시러 걸어오고 있능 기라. 겁나서 가마이 서 있응께네 머시 그리 기분 나쁜고, 계속 소리지름시러 가삐네.

걸어 옴시러 생각해본께네 '물믹이는 기 우짜다가 욕이 됐 뺐을꼬?' 그런 생각이 드는 기라.

물이라 카는 거는 없으믄 사람이 못 사는 기고 섬동네나 산동네는 가뭄 들머는 물 때문에 난리굿인데 물 묵는 기 와 욕이 됐실꼬.

그런데 언 날, 내 아는 양반이 물묵었다 카는 말로 쓰더라꼬. 그래서 물묵는 기 와 욕이냐꼬 물은께네 웃더마는 말해주데.

옛날 군사독재시절 중앙정보부에서 사람 잡아가믄 고문을 하는데 사람을 거꾸로 매달아노코 얼굴에 수건 덮어씌아가꼬 물로 들이붓는다 쿠네. 그라마 꼼짝 못하고 코로 입으로 들어가니 그기 엄청시리 괴롭다 쿤다. 그라믄서 덧붙이는 말이, 옛날에는 똥 밟았다 쿠는 기나 재수 옴붙었다 쿠는 기 그때부터 물묵었다로 바꿨다 쿠네. 우짜등가 알고 난께네 닭대가리는 면했능갑따 싶다. 그래도 사람한테 제일 중요한 물로 가꼬 와 사람을 괴롭히노 말다.

물 이바구한께네 ≪論語≫에 있는 공자 이야기가 생각이 나구마는. 단사표음簞食瓢飮이라 카는 긴데, 공자가 제자 안회를 가리키가꼬 이런 말로 했능 기라.

"子曰 賢哉라 回也여! 一簞食와 一瓢飮으로 在陋巷을 人不堪其憂어늘 回也는 不改其樂하니 賢哉라 回也여.

어질도다 안회여! 대그릇의 밥과 표주박의 물을 먹으면서 좁고 누추한 거리에 사는 것을 다른 사람들은 그 근심을 견디지 못하거늘, 안회는 그 속에서도 즐거움을 찾아 즐기니, 어질도다 안회여!"

그라이께네, 이기 무신 말인고 하믄 '대그릇簞에 담긴 한 그릇 밥食과 표주박瓢에 담긴 한 그릇 물飮'이라는 뜻이라쿤다. 한 그릇 밥과 한 그릇 물로만 생활한다는 뜻이라 쿠네. 바까서 이바구하믄, 거지같이 묵고 양반처럼 생각함시러 살아라 이 말인기라.

이거 쓰는데 아들이 단사표음簞食瓢飮글자를 들다보드마는 "어무이, 그거는 사食짜가 아이고 식食짜 아인교, 묵을 식짜!" 카네. 이 자슥이 나를 진짜 닭대가리로 아나.

"묵을 식짜도 되지마는 믹이는 사짜도 되능기라! 자슥이 오데 어무이를 물믹일라카노." 카고 말았다 카능거 아인가베.

요새는 그런 일 없지마는 옛날에는 가뭄 오고 물이 귀하믄 이거 장난 아이다. 서답은 이고 가서 계곡물에 빨아야지, 세수한 물은 발 씻고 양말 빨고 텃밭에 주야지. 설거지했던 물은 모다났다가 화장실에 쓰느 등 그라고 살았다 카는 거 아인가베. 중요한 물로 와 안 좋게 믹인단 말이고.

성선설을 두고 고자가 맹자한테 이리 말했다 쿠제.

> 사람 본성은 고여 있는 물과 같아서 동으로 터주면 동으로 흘러가고 서로 터주면 서로 흘러갑니다. 사람의 본성을 착하다 또는 착하지 않다고 구분 지을 수 없는 것은 마치 고여 있는 물이 동서로 나뉘어지지 않는 것과 매한가지입니다.

그란께네, 물이라 카능 기 결국에는 사람이 다루기에 따라서 좋게도 쓰이고 나쁘게도 쓰인다는 말 아이것나. 좋은 물 가꼬 물믹인다 카는 나쁜 말은 하지 말자 카는 기 내 주장인기라.

# 유머는
# 유머일 뿐
😃

　　기계는 연식이 늘어가믄 망가지는 거사 당연한 거지만, 이기 사람도 마찬가진 기라. 나도 연식이 좀 들었다고 그란지 몸띠 여어 저어 고장 나고 망가지서 생각하면 쪼매이 서글프다 아이가.

　이런 이바구 들어봤제? 나이 50이 넘으믄 잘생긴 놈이나 못생긴 놈이나 비슷하고, 60대는 자슥이 있으나 없으나 마찬가지고, 70대가 되믄 남편 있는 년이나 없는 년이나 같은 처지라는 거. 80대가 되믄 돈 있으나 없으나 다를 기 없고, 90대가 되믄 산에 누우 있으나 집에 누우 있으나 같은 신세라 카대.

가마이 생각해본께네 그 이바구도 일리가 있는 기라. 여자 나이 50이 넘어가믄 눈꼬리 입꼬리에 주름 생기제. 턱살, 목살, 눈꺼풀 축축 처지제, 검은 깨점 생기는 기 주근깬가 싶어서 보믄 저승꽃이라 카네. 그거 지운다고 화장품 덕지덕지 발라 놓으믄 요놈의 얼굴이 탄력이 없어가꼬 화장이 봉봉 뜨는 기라. 이 얼굴이 나 얼굴인가 내가 봐도 모르겠는 기라.

60대가 돼모, 자석들이 별시리 소용 있더나. 잘된 놈은 지 잘나가 된 깅가 싶어가 찟닥거리 쌓고, 안된 놈은 부모 못 만나가 신세 조진 기라싸문서 주디 내밀고 앵기쌓는 기라.

내 이바구 들어보라이. 친척뻘 되는 아지매가 억척스리 농사짓고 소 팔아가믄서 아들 서울 보내가꼬 대학공부시키고 괜찮은 직장도 잡았다꼬 좋아라 했제. 이제 한숨 돌릴라 칸께네 집을 사야 장가간다고 그래가 또 밭떼기 팔아서 집 사주고 장가보냈다아이가. 손자 보는 재미로 서울 한 번쓱 올라가는 재미가 여간 아이라 카드만. 어느 날 아파트 큰 거 사믄 잘 모신다는 며느리 알랑방구에 홀랑 넘어가 논밭 팔아서 서울 올라갔다 아인가베.

딱 일 년 반 있다가 내려오드마는, 집 지키고 얼라 봐주는 식모 취급하드라 쿠네. 그라이 사는 기 무슨 낙이 있었겠노. 고향 내리와 봤자 낡은 집 하나에 손바닥만 한 텃밭뿐이지마는 혼자 사는 기 좋다고, 그리 살다 얼마 전에 저세상으로 훌쩍 가뿟다 아이가.

70대? 남편 있는 여자나 없는 여자나 다를 기 없다는 말이 어데서 나왔을꼬. 남자들 젊어서 술 묵고 담배 피우고 온갖 짓 다 하다가 몸 망가지고 마누라 속 썩이는 남편 어디 한두 번 보나 말다. 암튼 이래저래 서로 불쌍한 처지밖에 안 되는 기라.

80대는 머라켔노? 아 맞다. 돈 있으나 없으나 같다 캤제. 안 글컸나. 그 낫세 되믄 오데 고장 나도 돈 있닥꼬 수술이 되나. 돈 빵빵 쓰면서리 놀러 가고 싶닥 캐도 몸이 말을 들어 주나. 좋은 옷 사서 걸치 봤자 광 안 나는 기 바로 그 나이 아인가베. 그랑께네 젊을 때 놀러 가고, 묵고 싶은 거 있으믄 묵고, 사 입고 싶은 거 있으믄 사 입어야 되는 기라. 그란데 말처럼 안 되는 기 인생 아인가베.

　90이 되믄 집에 누우 있으나 산에 누우 있으나 마찬가지라는 거 와 아이라. 우째 좀 움직인다 캐도 밥상머리에서 화장실 돌아 잠자는 방까지 그기 동선 전부란 말이제. 그라믄 살아도 산 기 아이제. 촌에 가믄 툇마루에 나와 앉아서 종일 햇살바라기나 하고 있는 낫세 아이가. 기계나 사람이나 연식이 오래되믄 망가지는 기사 우짜겠노.

　그렇다꼬 기죽지 말그래이. 바까서 생각해보믄 기계나 사람이나 쓰기 나름인 기라. 부지런히 기름 쳐주고 잘만 수리해서 쓰마 솔직히 새것보다 더 보들보들 잘 돌아가는 기 기계란 말이제. 사람도 마찬가진 기라. 젊었을 때부터 건강 챙기고 자기관리 잘하믄서 지내믄 나이 묵어서도 생기 팔팔하게 살 수 있을 끼란 말이지. 요세는 백세시대라꼬 그 나이에도 정정한 사람들이 많이 안 있나. 노인학교 가보믄 건강한 노인들 노래하고 춤추믄서 인생 즐기고 산다 아인가베.

　얼마 전에 '건강비법 백세로' 카는 한 티비 프로그램을 봤는데, 출연자 김진권 할배는 94세, 권옥기 할매는 90세인데 시골에서 밭 가꾸믄서 얼마나 정정하게 사시는지, 펄펄 날아

다니드라 카이. 뱀장어에 양파 좋아하고 적당하게 노동하는 이 노부부를 봤으믄 아마 산에 누워 있던 사람도 벌떡 일어나서 달리 왔을 끼라. 하모!

우리도 쫌 늦었지마는, 관절 사이사이 기름칠 하고 관리하믄서 한 90까지 쌩쌩하게 살아보자 카이. 그라마 '100세인생' 노래맹쿠로 90세에 저세상에서 날 데리러 오거덩 알아서 갈 테니 재촉 말라 전해라 카믄서 웃고 살것제.

유머는 유머일뿐, 이 이바구도 유머로 듣고 한 판 웃으모 더 젊어지는 거 아이것나.

# 파이다

　느그 파이다 카는 말 들어본 적 있제? 내가 요새 사투리에 관심이 억수록 많아가꼬 귀에 들어오믄 어원 찾는다꼬 콤쀼타를 막 뒤지쌓는 기라. 오늘 시장 갔드마는 누가 "에이, 이거는 파이다! 몬씨겠다." 쿠는 기라. 아인 기 아이라 진짜 오랜만에 듣는 말 아인가베.
　그래가꼬 집에 와서 콤쀼타 열어가꼬 찾아보이께네 이거로 어원을 지대로 아는 사람이 별로 없네. 쪼매이 안다는 사람마다 엉뚱한 소리하는 기라. 몇 개 읽어보게 들어보라이.

어느 칼럼에서 봤다 카는데, '파이다' 카는 말이 한자어 '判異'에서 나왔다 카네. 경상도에서도 특히 안동지방 사투리에는 한자 어투가 많다 쿠는데 식겁食怯은 겁을 묵었다 카는 말이고, 대끼리는 대길大吉서 온 기라 쿠는 기라. 그리고 '대끼리' 반대말이 '파이다'라 칸다. 이기 그라이께네 '판이하다'라꼬 할 때 판이判異에서 온 말이라 쿠네. 그란데 전범이 되는 틀(모양)하고 판이하게 달라가꼬 몬씨게 된 거를 판이다 캤다가 파이다로 쓰있다 쿠는데 글씨 요거는 벨시리 믿음이 안 가네.

또 하나는, 수학 원주율 기호 파이$\pi$ 하고 같은 발음 공집합 기호 파이$\emptyset$를 말한 거라 쿤다. 이것도 나는 몬 믿겄는 기라. 원소의 개수가 하나도 없이 텅 빈 것이 '파이'인데 이 공집합맨쿠로 마음에 드는 기 하나도 없을 때 파이다라꼬 했단다. 믿어지나 이기?

두 번째는, 이것 저것 막 섞어삐가꼬 만든 서양 과자를 파이라 카는 거는 알제? 이 어원이 재미있더라꼬. 좋은 소식 같다주는 까치 모리는 사람 없제. 까치의 학명이 마그파이

(Mag Pie)라 쿤다. 까치라 쿠는 날짐승은 씰데없는 오만 가지 잡동사니를 잔뜩 둥지에 물어다 놓는 습성이 있다 카네. 그래서 씰 데 없는 물건 같은 것을 가리켜 파이다, 라고 했다 쿠는 말이라 쿤다. 요거는 쪼매이 공감이 가는구마는.

세 번째는 동해안 쪽 지방신문 칼럼에 실린 기다. 이 칼럼을 쓴 사람은 본인도 정확한 거는 아이고 짐작으로 추리했다 꼬 하네. 파이다의 '파'가 마칠 파罷, 그라이께네 장이 끝나모 파장罷場이라 안 쿠나. 장을 보러 갔는데 파장이모는 기분 안 좋은 거는 맞겠제. 그래서 '파이다'라고 했을 끼라네. 글씨다, 설명은 쌔가 빠지게 했구마는 그기 내 맴에 쏙 안 들어오네. 그래서 이 가설도 내는 고개 저었뻤다.

이때껏 말한 거는 다 짐작으로 추론한 가설인께네 믿거나 말거나 아이것나. 그란데 억수로 오래전에 읽었던 칼럼을 다시 찾아서 읽어봤다 아이가

울산 어느 지역에 옹기 굽는 옹기장이들이 많이 살았다 쿤다. 지금도 거 가믄 집단 옹기마을이 있다 카네. 옹기를 꿉아 가꼬 메칠 기다리서 식히모 꺼낸다 아이가. 가마에서 꺼낼 때가 젤로 두근거리는 시간인 기라. 메꼬롬한 거 따로 조심

파이다 155

조심 내놓제, 그라다가 짜그라진 기나 쪼매이 정상같이 안 보이는 거는 따로 제끼는 기라. 매꼬롬하이 잘된 거는 팔라꼬 내놓는 상품이제.

그란데, 잘 안 된 거는 한쪽으로 모아가꼬 깨트릴 파破로 써넣는다 쿤다. 몬씨는 거이께네 깨사가꼬 내삐린다 카는 거 아이가. 제자나 일꾼들이 꺼낸 옹기를 들고, "이거는 우짤까요?" 하고 물으믄, 상품으로 나가기 어려울 것 같으면 "그거는 파破다." 혹은 "저리 치아라 파이다."라고 했다 카는 기라.

보이께네 에법 가설이 많네. 그래도 내 생각에는 마지막에 깨살 파, 아 참 요고는 표준말로 해야 되겠네. 깨뜨릴 '파'로 써서 '파이다'라꼬 했다는 거, 이 가설이 젤로 맘에 든다 아이가.

안 그래도 요새 하나 팍 깨사삐야 되는 거 있제? 휴전선 말이다. 그거는 진짜 파이다. 그거 께사삐야 된다.

핵? 그것도 파이다. 민족 갈라놓은 휴전선? 그거 진짜 파이다. 단숨에 파! 깨사삐믄 을매나 좋겠노. 생각만 해도 후련하고마는.

# 어무이, 행복한 새는
# 안 난다 카네예

　어무이, 우째 지내십니꺼? 요게는 지금 땡빛 따가븐 여름입니더. 당신 계시는 곳은 시원할란가 모르겠네요. 암만 캐도 땅보다는 하늘이 더 시원하겠지예?
　오랜만에 어무이한테 손 편지 쓸라 카이 쑥시럽십니더. 오늘은 다른 나라 이바구 하나 해드리께예.
　을매 전에 테레비에서 외국의 한 섬나라 비추는 거 본께네 날도 몬하는 '카구'라 카는 새가 나오더라꼬예. 새는 참 이뿌게 생깃드만요. 근디 날개는 있는데 몬 난다꼬 안 합니꺼. 몬 나는 이유가 그곳에 천적이 없어서라 캅니더. 그라모 참으로 행복한 새 아입니꺼. 다들 목심 걸고 하루하루 살아가는데, 거게는 천적도 음꼬 묵을 거는 천지삐까리고예. 그라고 새끼도 딱 한 마리만 나아가꼬 에미애비 새 둘이서 음청 애끼믄서 키운다 캅니더.

　내사 그거로 봄시러 "아! 행복한 새는 날 필요가 없구마는." 하는 생각이 들었심더.

　어무이요, 이 세상 살아가는 사람 중에 행복한 사람이 을매나 되겠심니꺼? 내는 철이 들면서 사는 기 우째 이리 힘들꼬, 그런 생각 마이 했심더. 그때는 세상에서 내가 제일 불행하다꼬 생각했다 아입니꺼.

　고런 생각이 들 때마다 하늘 나는 새들이 을매나 부러웠는지 몰라예, 내도 훨훨 날아서 딴 세상으로 가고 싶었지예.

　글타꼬 진짜로 날 생각은 해본 적도 없심더. 날개도 음썼지마는, 그런 호강은 내 팔자 아인 거라꼬 생각했거든예. 낫새 묵가면서 특별한 사람들만 날개가 생기는 기라 카는 것도 알았다 아입니꺼.

젊은 시절 내 모습을 거울로 함씩 볼 때는 한심했능 기라예. 어무이도 말씸은 안해도 딸내미 사는 것보고 가슴 아팠지요? 한번은 당신이 입속말로 '우째 니 팔자가 내 팔자를 꼭 닮았노….' 그런 이바구할 때 눈에 이슬이 맺히는 거 봤심더.

중년이 되믄시러 눈으로 보는 세상이 쪼매이씩 넓어지는 거 같더라꼬예. 사는 기 애렵고 눈물나는 기 내만 그런 기 아이더라 카는 것을요. 내 젊은시절 살던 동네 근처에는 장도 있고 달동네도 있고 그랬다 아입니꺼. 시장사람들 살아가는 거나 동피랑 사람들 사는 기 눈에 들어오더라꼬요. 내보다도 힘든 사람이 을매나 많은데, 세상에서 내가 젤로 힘들다꼬 생각했을꼬. 낫세 묵고 본께네 잘사는 사람이나 몬사는 사람이나 종오 한 장 차이더구만요.

어무이요, 뉴칼레도니아라 카는 섬나라 '카구'라 카는 새도 날 필요가 음써서 안 날아가꼬 날개가 퇴화됐다꼬 안 캅니꺼. 요새는 숫자가 확 줄어가꼬 몇 마리 안 남았다카네요. 사람들이 들어오면서 따라 들어온 고양이나 개한테 잡아묵히가꼬 맬종위기라 캅니더.

텔레비로 그거를 봄시러 나도 모르게 고개 끄떡끄떡하고 있었심더. 금수저로 태어나 고이고이 자라가꼬 정글이라는 세상에 풀어놓으문 을매 안 가서 도태되기 쉽다 카는 거를요. 그래서 호랭이는 절벽에서 새끼를 밀어가꼬 올라오는 놈만 키운다 카는 거 아입니꺼.

카구. 저 아름다운 새가 저리 맬종 팔자가 될 끼라라 카는 거 즈그는 알았겠심니꺼. 사람 보믄 겁도 안 내고 귀염 부리는 저 예쁜 새가 포식자 땜에 불행으로 뚝 떨어질 끼라 꼬는 짐작이나 했겠심니꺼.

어무이, 내도 아직 날개가 안 돋았심니더. 앞으로도 안 돋을 끼라는 거 진즉에 알고 있었지예. 그라도 인자는 세상 겁 안 남니더. 날지는 몬해도 뛰는 거는 잘한다는 거 당신도 알고 계시지예? 날개 대신에 두 다리가 타조 다리맹큼 땐땐해짔지예. 몬 날믄 뛰믄 된다 카는 거, 정글 거튼 세상을 살믄서 알게 됐다 아입니꺼.

혹시 하늘에서 내리다본다 캐도 인자는 어무이, 맘 아파 마이소. 땐땐한 두 다리로 세상 버티고 섰다 카는 기 오뎁니꺼. 그것만으로도 엄청시리 행복한 기라예. 정글에서 살아남아가꼬 이마이 왔시믄 복 받은 인생 맞지예? 어무이 내 걱정은 마시고 하늘나라에서 올여름 써운하이 잘 보내시이소. 가실에 또 편지 쓸 낍니더.

불효 여식 올림.

# 전통혼례와 원앙이

　　이십여 년 전쯤꺼정은 전통혼례도 더러 치르고 하드마는 인자 잊어삣는지 하는 사람들이 별로 없다 아이가. 하기사 모던한 거 좋아하는 요즘 아아들 전통혼례가 눈에 들것나.

　　삼십여 년 전에 거제 성포에 사는 아재 딸이 전통 혼례한다꼬 해서 축하도 할 겸 겸사겸사 안 갔더나.

　　어둑어둑해진께네 동네 입구에서부터 시끄러븐 기라. 나가

보이 젊은 머시마들이 눈구멍 뚤븐 마린 오징어 낯빤디기 붙이가꼬 사주단자함 메고 신붓집 골목 입구까지 왔능 기라. 신부 옴마가 맨발로 뛰어가서 봉투를 주니께 살짝 보드만. 돈 마이 안 놓으모 한 발짝도 안 갈 끼라꼬 뻗대는데 신부 여동생이 나왔다 아이가. 꽃 같은 처자가 나와서 또 봉투 주이께네 몬 이기는 척 함시러 따라오데. 인자는 잊혀진 해악적인 풍습 아인가베.

뒷날 신부가 혼례복 입고 족두리 쓰고 연지곤지 찍은 모습 보이께나 내 가슴도 벌렁거리쌓제. 물어보이 신랑신부가 얼굴도 몬 보고 있었능 기라. 초례가 신랑신부 초대면 아인가베. 신부는 신랑이 우째 생깄능고, 신랑은 신부가 우째 생깄을꼬 가슴이 두방망이 안 쳤것나.

초례 치름시러 전안례奠雁禮라 카는 것도 하는데 전통혼례에서는 이기 중요하다 카네. 초례날 기럭아범이 기러기를 들고 앞서 가모 신랑이 뒤따라간다 아이가. 가가꼬 신부 부모한테 기러기를 주는 기라. 그라모 상 위에 놓고 절하는 예식을 치르는데 이기 전안례라 카능 기다. 전안례가 끝나모 신붓집에서 기러기를 치마에 싸가꼬 방에 들라다가 놓는데, 치마로 싸는 거는 기러기가 알을 마이 놓으라꼬 그라능 기란다. 뜨신 방에 들랴노코 시루로 덮는 거는 날아가지 말고 잘 있으라는기라. 그란께네 이기 엄청시리 엄숙한 과정 아닌 기라.

원래는 산 기러기로 하다가 나중에는 목안木雁이라꼬 나무로 깎아가꼬 색칠한 나무기러기를 썼능 기라. 이 기러기 종류가 우리가 말하는 원앙새 아이가.

원앙새는 기러기목 오리과에 속한다 칸다. ≪규합총서≫에 딜다 보믄 기러기를 신信·예禮·절節·지智 의義 덕德이 있다꼬 생각했다 카네. 날아갈 때 V자 형으로 경험 많은 기러기가 앞장서가꼬 그 뒤를 줄지어 날아간께나 질서를 지키는 새라꼬 칭송했다꼬 안하나.

그란데 말다. ≪규합총서≫에서 기러기 수명이 150년에서 200년 정도라 카능 거 아이가. 요게 쪼매이 헷갈리더라꼬. 이기 진짠가 싶어 가꼬 백과사전 찾아보이께네 20년에서 30년 산다 카네. 고마 원앙새한테 입히났던 전설 거튼 신비가 살짝 깨지더라꼬. 그거는 글타 치고 내리오는 말에는 150년 산다 카는데 중간에 짝이 먼저 가뿐다 캐도 다른 짝 안 찾고, 사랑을 지킴시러 혼자 산다 카능 기라. 우짜등가 그

덕목 땜시러 전통혼례에서 기러기를 전달하는 전안례를 한다 카는 기제.

요 이바구는 중국에도 있드라꼬. 진(晉)나라 때 최표라는 사람도 〈고금주〉라 카는 글에서 비슷하이 적어놨다 칸다.

"원앙은 물새로 오리 종류다. 암컷과 수컷이 절대로 서로 떨어지지 않는다. 사람이 한 마리를 잡아가면 남은 한 마리는 제 짝을 그리다가 죽고 만다. 그래서 원앙을 필조匹鳥, 즉 배필새라 한다."

아하, 원앙이라 카능 거를 와 전통혼례에서 그리 엄숙하게 전달했능고 알겠드라꼬.

그란데 수명이 일단 엉터리로 나온 거를 알았응께네 짝 잃고 혼자 사능 거 이기 또 진짠가 궁금해서 찾아봤다 아이가.

원앙이라 카능기 부부가 함께 평상 동안 사능 거는 맞능기라. 그란데 이 수컷이 문제드라꼬. 교미 때가 되문 색깔이 화려하게 변하는데 제 짝하고 정답게 짝짓기하능 거는 누가 머라 칼 끼고. 그 다음이 문젠 기라. 우리가 아는 색깔이 삐까번쩍하는 총천연색 원앙 그기 수컷인데 말다. 금방 지 짝하고 거사 치라노코 털을 요래조래 다듬드마는 바로 옆에 있는 암컷 꼬시기 작전 들어간다 카네. 마누라 보고 있는데 다른 여자 꼬시능 거 아이가 말다.

　암수가 맨날 함께 다닌다꼬 원앙새 수컷이 선비 같을 줄 알았제? 내도 사진하고 동영상으로 확인한 거지만은, 암컷이 옆에서 눈 벌거이 뜨고 보는데도 다른 암컷 앞에서 지 깃털을 요래조래 뽐내시럼 짝짓기도 하더라 카이. 고마 탁 쎄리잡아가꼬 오리탕이나 만들어 보신이나 하모 좋겠다 카는 생각이 들더라꼬.

　원앙 수컷만 머라 칼 수 있겠나. 요즘은 인간도 자유방종 시대아인가베. 그란께 우리들이 흉볼 일도 아인 거 같지마는….

　전통혼례가 사라지능 기 아시바서 사투리로 기록하능 긴데, 원앙의 진실을 알고 난께네 쪼매 화가 치밀더라꼬. 당장 안방에 들어가서 화장대 위에 정답게 놓여 있는 원앙을 쓰레기통에 던져삣다 아이가.

　처자들아, 삐까번쩍하는 총천연색 원앙 수컷 가튼 남자는 바람둥이라는 거 명심하그레이.

제 4 부

토영 전설
이바구

# 남매 바우

    한산면 매죽리 카머는 풍광 하나는 기가 맥히는 기라. 외부에서는 소매물도라꼬 아는 사람은 다 알제. 여 토영 사람들은 작은 매물도라꼬 한다. 옆에 있는 큰 매물도는 고마 매물도라 카지.

    소매물도 해안 길 따라 올라가다가 내리막길로 쪼매이 내리가믄 오데서 굴러떨어지다가 잠시 멈춘 거맹크로 커다란 바우 하나가 있능 기라. 둥글둥글한 기 딱 보믄 언제 또 굴러

갈지 모릴 거같이 생깄제. 이기 숫바우고 고게서 한 삼십 미터쯤 더 내리감시러 보머는 더 작은 바우가 있는데 이기 암바우라 칸다. 이 두 개를 사람들이 '남매바우'라꼬 이름 붙있는데 거게는 전설이 있다 아인가베.

소매물도에서 얼매 안 떨어진 데 매물도가 있능 기라. 날 좋은 날 산꼭대기에서 건너다보믄 훤하게 보이제. 옛날에는 작은 매물도도 무인도지마는 매물도도 무인도였는데 어느 날 부부가 들어와서 살았제. 들어올 때사 부부뿐이지만, 얼매 후 남매 쌍둥이를 낳다 아인가베. 첨에는 좋아서 깨춤을 췄지마는 금시로 걱정꺼리가 된 기라. '남매 쌍둥이는 명이 짧아가꼬 둘 다 오래 몬 산다.' 카는 속설이 있었거든. 한 얼라가 일찍 죽고 그 죽은 영혼이 남은 얼라를 데리간다꼬 안카나. 그라모 둘 다 잃어삐리는 거 아이것나,

고민하던 부부는 사내아 하나라도 살리자 카는 거로 의견을 맞춘 기제. 글치마는 차마 자식을 죽일 수는 없응께네 딸아를 건너편 작은 매물도에 갖다 버리기로 했능 기라. 혼자서 살다가 죽는다 카모 그기사 지 운명이라 생각한 기제. 뗏목에 어린 딸아를 싣고 가서 섬에 내삐리고 차마 안 떨어질라

카는 발길을 돌리는 애비 맘이 어쨌을꼬. 그 담부터는 작은 매물도 일은 잊아삐기로 독한 맘 묵은 기라.

　어느새 십수 년 흘렀제. 어느 화창한 봄날에 뒷산 먼당에 나무할라꼬 올라갔던 총각이 바다 건너로 본께네 작은 매물도에서 연기가 모락모락 올라오는 게 아이겄나. 어매 아부지한테 들은 거로 치면 그 섬은 사람이 안 산다 캤는데 이상하거든. 집에 와서 아부지한테 말한께네 "니가 암만 캐도 봄아 지랭이 잘못 봤을 끼다." 카고 마능 기라.

　처음에는 그런 긴가, 아부지 말을 믿을라 캤는데, 그 다음날도 또 그 다음 날도 연기가 올라가능 기라. 호기심이 충동질하모 몬 말리는 나이 아인가베. 외딴섬 생활에 젊은 아가 을매나 외롭앉겠노. "무신 일 있어도 그기는 절대 가모 안 된다이!" 하고 엄명을 내린 아부지 이바구도 거역하고 총각은 뗏목을 타고 작은 매물도로 건너갔다 아이가.

　섬에 도착해 보이께네 바닷가에는 바람 함 불머는 쓰러질 거 가튼 움막이 하나 있는데 거게서 연기가 나고 있능 기라. 쪼매이 겁도 나지마는 기왕 온 긴께네 미적거림시러 다가갔제. 그란데 인기척이 나드마는 헝크러진 머리카락에 오데 지

푸라기 가튼 걸로 아랫도리만 가린 사람이 놀래가꼬 도망치가 숨능 기라.

아랫도리는 가렸지마는 확실이 지하고는 다른 신체를 가진 거 딱 보믄 안다 아이가. 얼른 본 기지마는 지하고 비슷한 또래 여자 같거덩. 사람이라꼬는 생판 보기도 힘든 절해고도에서 태어나가꼬 아직꺼정 낯선 사람은 물론이고, 이성간의 만남도 처음인 기라. 그때부터 총각은 매일 무인도로 건너갔다 카는 말이제. 그래가꼬 두 남녀는 서로 좋아하는 사이가 되삔 기라. 청춘남녀가 그래하는 거로 누가 머라카겠노마는 이 둘은 남매라 카능 기 문제 아인가베.

더벅머리 총각은 야성의 처녀를 집으로 데려가기로 마음 묵은 기라. 지 배필로 맞이할라꼬 결심하고 그녀를 힘껏 껴안았삣는데 갑작시리 천둥번개가 치더마는 처녀 총각은 바위로 변해가꼬 벼랑 아래로 굴러떨어짔삣능 기라. 그래가꼬 사랑의 죗값으로 각각 바위로 변하고 말았다 카능 기 남매바우 전설이라 칸다.

내리오는 말로는 이 남매바우가 지금도 삼 년마다 서로 굴러서 몰래 만났다가 헤어진다는 설도 있고, 그런 날 밤이믄 거센 폭풍우와 천둥번개가 친다고 카네.

　누가 막장 전설이라 카는 말도 하던데 그거는 아인 기라. 남매인지 모리는데 뭐 막장이고 말다. 그라모 즈그 어매하고 결혼해가꼬 얼라까지 낳은 그리스 오이디푸스 전설은 완전 날나리 막장이것네? 오이디푸스 전설은 안주까지도 슬픈 신화로 사람 가슴을 울린다 아인가베. 그란께네 남매바위는 서글프다 쿠먼 서글픈 전설이제. 우째 보믄 다 시대상을 반영하는 설화 아이것나. 인간의 운명이라 카능 기 머신고 한 번쯤 생각해보게 맹글어주는 그런 이바구 말다.

# 마구할매가
# 내삐린 장개섬

　동호동에 있는 남망산 알제? 고 앞에 보믄 동쪽빼이로 톡 튀나간 거메로 보이는 작은 동산 있는 거, 그기 원래는 섬이었능 기라. 일제시대 왜놈들이 금광을 채굴하던 돌섬 아인가베. 그기 항만을 매립함시러 육지의 작은 동산이 됐삔기제.
　내 애릴 짝에는 그 섬을 장개섬이라 캤거든. 본래 이름은 장좌섬莊佐島이라 칸다. 이 섬이 누가 우째 만들었능고는 전설이 말해준다 아이가.

옛날 정량동 뜸바우골 깨고랑(개울)에서 아침 일찍 동네 아지매가 빨래를 하고 있었능 기라. 그란데 고때 갑작시리 주위가 어둑어둑해짐시러 분위기가 쌔한 기라. 쪼매 이상한 생각이 들어가꼬 고개를 들어서 본께네 키가 하늘에 닿을 만큼이나 장대한 '마구할매'가 남쪽 바다에서 성큼성큼 해안가로 걸어오고 있는 거 아이것나.

놀래 눈이 디비지가꼬 "저게 마구할매가 바다를 건너온다." 하고 온 동네 사람들 들으라꼬 외침시러 손에 든 빨랫방맹이로 하늘을 가리킨기라. 고마 그거 때문에 놀래삔 마구할매가 치맛자락에 가득 안고 오던 금은보화를 내삐리삐고 '안뒷산' 너머로 펄쩍 뛰서 사라짔삣다 카능 거 아인가베.

고때 마구할매가 내삐린 금은보화 덩어리는 물에 닿자마자 섬으로 변했 다카는데, 그기 바로 지금의 장좌섬莊佐島이라쿠네.

난제 이 이야기를 들은 일본인들이 일제강점기에 이 섬을 염탐해가꼬 금을 즈그 맘대로 몽땅 다 캐갔다 아이가.

이 마구할매라 카는 존재가 원래는 '마고할미'제. 우리나라에는 마고할미 전설이 전국에 널려 있다 아인가베.

진주와 사천 사이에 경계석이 있거덩. 요거를 '돌곶이'나 '돌꽂이'라꼬 하는데, 그기 '마고할미 물레돌' 설화에 나오는 돌 아인가베. 갱기도 용인에 가믄 '할미산성'이라 카능 기 있제. 신라 때 성터라 카는데 마고할배하고 마고할매가 누가 더 빨리 성을 짓나 내기를 했능 기라. 그래가꼬 마고할매가 하룻밤 만에 치마에 돌을 날라가꼬 성을 완성했다 카능 거 아인가베.

또 지리산 '노고할미'는 노고단하고 불국산에 양다리 걸타고 앉아가꼬 오줌을 누는데, 큰 바우가 오줌발에 깨지가꼬 날아가뻴 정도로 몸집이 컸다 쿤다. 이거는 지리산 마고할미 아이가.

제주도에는 설문대할망이 유명한 기라. 이 할마시도 몸띠이가 을매나 거대했는고 하믄 한라산을 베개 삼아가꼬 드러누아삐모 다리가 제주도 앞바다에 있는 관탈도에 걸친다 쿤다. 이 설문대할망이 제주도의 마고할미인 기라.

마고할미는 창세 때 우리 한반도를 창조한 여신이었제. 마고할미가 한 번 움직일 때마다 땅이 생기고 섬이 생기고 산이 생깄다 카능 거 아인가베.

　원내 마고할미는 중국과 한국 신화에 전해내리오는 여신인데 '창세신'이나 '거인신'으로 블렀단 말이거든. 이름도 많아가꼬 마고할망, 마고할미로 불리지만 본명은 마고麻姑라 카네.

　우째 여성이 창세신이 되었을꼬 생각할지는 모르겄지마는, 원래 여성 지위가 남자하고 비슷했던 시기에는 한국 무속에서 창세신 위치에 있었다 카능 기라. 그라고 우짜든 생명을 잉태하는 거는 여성 아인가베. 그라다가 무속이 자꾸 약해지고 반대로 남성 지위는 자꾸 올라감시러 위상이 축소됐삐가꼬 인자는 고마 일개 여신 지위밖에 안 되능 기라.

　글타 캐도 아직도 우리나라 각 지방에는 마고 전설이나 마고를 모시는 사당이 천지라 쿤다. 그란께네 마고할미 전설 하나 없시모 그 지역 위상도 쪼매이 글타 쿠는 거 아이가. 우리는 마구할매가 있응께네 목에 힘 주도 되겄제? 우리 토영 사람들 자긍심 가지라꼬 하는 이바구다.

# 相思
# 바우

　광도면에 적덕마을이라 카는 데가 있능 기라. 그 뒷산 올라가보매 상사바우가 있는데 생긴 기 쪼매 묘하거등. 드럼통매로 커다란 바우가 땅에서 불쑥 솟은 거매로 생깄다 아인가베.
　거 머시라카노, 바우산 타는 거 말다. 아 그래 록클라이밍! 그 록클라이밍하는 사람들은 엔간하모 상사바우 모리는 사람 없을 거로. 바우가 수직으로 딱 섰삐가꼬 바우산 타는 사람들은 좋아한다 쿠네. 그런 거로 목심 걸고 머할라꼬 하는가 내는 도통 모르겄다마는.

근데 요 상사바우라는 이름만 들어도 전설이 궁금하닥꼬?.

옛날에 웃마실(지금의 수직마을)하고 아랫마실(지금의 적덕마을)에는 3대 원수로 지내는 집안이 있었거덩. 딱 시작부터 로미오와 줄리엣거튼 냄새가 나제? 마실 안에서는 물론이고 마실 밖에서 만나도 서로 몬 잡아무우서 이빨로 갈아대는 그런 사이인 기라.

개울가에 얼음도 덜 풀린 초봄에 아랫마실 처네가 윗마실 친척집에 심부름을 간 기라. 가다 보이께네 손이 얼어삐가꼬 달달 떠는 기 안 되보인께네 친척이 아랫목에서 몸이나 쪼매 이 녹카가꼬 가라고 방에 들랴보낸 기라. 처네가 군불 때가꼬 뜨신 방바닥에 몸을 녹이고 있었는데 그때 바깥에 젊은 남자 목소리가 들리거덩. 굵직한 목소리가 듣기도 좋은께네 호기심 발동할 거 아이가. 요런 목소리 가진 남자는 을매나 멋질꼬 싶어가꼬 뚫린 창호문 구멍으로 실째기 내다본 기라. 마당에 남정네가 서 있는데 눈동자는 부리부리하제, 눈썹도 찐하고 코도 반듯한 기 고마 처네 가심을 벌렁 디비났삔 기라.

'옴마야, 저 총각은 누 집 총각일꼬. 안주까지 한 번도 본 적이 없는데 디게 잘생깄뻤네.'

우째야 총각이 낼로 한번 치다볼란고 생각하니 손도 떨리제 가심은 벌렁벌렁하제 정신이 하나도 없는 기라. 가마 마당을 내다 본께네 총각이 곧 나가뻘꺼 같거덩. 에라 모리것다. 지금 아이모 다시는 몬 볼끼 뻔한데 싶어가꼬 고마 용기를 내가꼬 방문 열고 나온 기라.

총각이 본께네 방안에서 듣도 보도 못한 처네가 나오는데 천사 같은 기라. 곱게 빗어올린 머리칼에 소박하지만 친척집 온다꼬 화사한 옷으로 꾸밌제. 동그란 눈망울에 슬쩍 지나침시러 웃는 미소에 고마 총각 목울대에 핏대가 선 기라. 총각하고 이바구하던 처네 친척도 두 사람 눈빛 사이에 튀는 불꽃을 우째 못 봤겠노. 총각은 총각대로 처네는 처네대로 잔잔하게 일었던 파문이 소용돌이가 됐삐가꼬 도저히 참을 수 없을 지경인 기라. 서로 우짜든가 가심이 불타삐가꼬 없어짔삐기 전에 마음을 전해볼라꼬 애써봤지마는 택도 없능 기라. 휴대폰 읎제, 오데 사는가도 모리는데 우찌 만날 끼고 말이다.

두 청춘이 가심만 태아가꼬 쌔까맣게 숯댕이가 되가는데 어느날 처네 엄마가 처네를 불러앉힌 기라. 벌써 봄 다 지나고 계절은 여름 아이가.

"니도 낫세 묵을 만큼 묵었응께네 시집가야 될 거 아이가."
"시집이라꼬요?"
처네는 속으로 혹시 윗마을 총각이모 좋겄다 싶었제.
"고성이라는 데서 청혼이 온 기라. 너거 아부지가 그리 정했응께네 두 말 말거레이."

고성이라 카는 말로 들은께네 처네는 가슴이 무너져 내리는 기라. 아, 인자 그 총각은 몬 만나능 긴가. 그리 생각하는데 엄마가 못 박는 말로 한마디 더 했제.

"윗마실 친척이 그카는데 봄에 심부름 갔실 때 원수 놈 자슥하고 니 눈치가 장난 아이었다 카드라. 딴 생각 말그래이. 아부지 알믄 고마 니 죽고 내 죽능 기라."

처네가 깜작 놀랐제. 그 총각이 원수라꼬? 밤새 이불깃에 눈물 적사다가 가마 생각해 보이 내 하고는 아무 원수진 것도 없는데 우째 맘에 드는 사람 놔뚜고 딴데 시집가라 카는고 싶은 기라.

다음 날 갑갑한 마음 우짤 수가 읎어가꼬 아침부터 안절부절못하다가 뒷산으로 올라간 기라. 아무도 없는 데서 실컷 울자는 마음으로 간 기제. 그래가꼬 넓쩍한 바우 우에 올라앉아가꼬 소리내서 펑펑 우는데 옴마야, 이기 무신 일이고. 눈앞에 그 총각이 서 있는 거 아이가.

처네 총각은 그 커다란 바우 우에 앉아가꼬 저 아래 마실들 봄시러 그런 생각을 안 했 겄나.

'다들 사랑하는 사람 만나가꼬 아들딸 낳고 잘만 사는데 우리는 우짜다가 좋아함시러 결혼도 몬 하는 서러븐 팔자가 됐실꼬.'

처네가 움시러 총각 품으로 쓰러진께네 총각도 얼싸안고 울다가 처네 등을 쓰다듬음시러 이리 이바구했을 거꾸마.

"내도 처자가 보고 싶어가꼬 매일 이 바우 우에 올라와가꼬 애만 태웠심더. 처자하고 부부 인연을 맺고 싶지마는 집안들이 원수 사이라꼬 절대 안 된다 카네요. 이 일로 우짜믄 좋을꼬 아무리 생각해봐도 답이 없능 기라예. 본께네 이 세상에서는 부부인연 맺기는 고마 틀린 기라요. 저세상이라믄 모릴까."

相思바우

처네도 고개를 끄덕이고 총각도 고개를 끄덕이다가 둘이 갈빗대가 뽈라지그로 끌어안았것제. 그래가꼬 약속이라도 한 거맹쿠로 고마 바우 우에서 뛰내렸다 카는 거 아이가.
머시라? 그기 다냐꼬? 그기사 생각해 보라매. 처네 총각이 미친 거맹쿠로 좋아하다가 이 세상 끝장내는 날에 끌어안기만 했겄나. 글타꼬 내가 여서 남녀가 바우 우에서 마지막으로 온몸을 불태우고 우짜고 그런 소리는 몬 하능 기라. 느그 겉으면 어쨌것노. 상상해 보라이.
우짜등간에 처네 총각이 굴러떨어졌다 카는 언덕에는 지금도 푸른 색깔이 기다랗게 줄 끄어논 거맹쿠로 선명하다고 안하나. 바우 우에는 두 사람이 앉은 자국 같은 기 보이는데 처네 총각이 마지막으로 앉았던 자리라 쿤다.
그 뒤로는 비가 갤 때마다 무지개가 떠가꼬 아래 우 두 마을을 이어준다 카네. 그래서 두 마을 잇는 고개를 무지개 고개라꼬 부른다꼬 안하나. 무지개 뜨모 처네 총각 생각이 날 끼구마.

## 설운
## 장군

　　토영바다 저어 서쪽 끝티에 지 혼자 둥실 떠있는 섬이 있능 기라. 거가 바로 수우섬이라 카는 덴데, 일명 보물섬이 라쿤다. 소가 바다에 누운 거매로 생기가꼬 거게 동백이 울창하거든. 그래서 나무 '수' 짜에 소 '우' 짜를 써가꼬 樹牛島 라꼬 불렀는데 우리 지역 사람들은 시우섬이라코도 불렀제.
　　수우마을 들어가보모 복합휴양센터라 카는 멋진 현대식 건물이 보이능 기라. 그기 원래는 사량초등학교 수우 분교였제. 그란데 2008년에 고마 폐교된 기라. 우짜긋노. 얼라들이 없응께네 폐교할 밖에는.

　폐교된 분교 옆에 보믄 수백 년 묵은 느티나무가 한 그루 서 있다 아이가. 그 밑에 쪼맨한 장군 사당이라 카능 기 하나 보이거든. 이기 수우도 전설의 설운 장군 이바구가 깃들어 있능기라. 안주까지도 매년 음력 10월이면, 동네 사람들이 사당에 모이가꼬 섬의 수호신 설운 장군의 사당에 당산제를 지냄시러 전래 영웅설화를 돌아보능 기라.

　옛날 이 섬에 가난한 어부 부부가 살았다 쿤다. 그란데 자슥이 없어가꼬 부인이 천지신명한테 지발 아들 하나 점지해 주라꼬 빌었제. 어느 날 태기가 있더마는 기다리던 얼라가 태어났다 아이가.

　본께네 날 때부터 몸집이 다른 얼라들 두 배나 되제, 눈에서는 광채가 났다 카네. 첫돌 지난께네 혼자 바다 나가서리 헤엄을 치더마는, 쪼매이 더 지난께네 인자는 물괴기들하고 같이 노는 기라. 동네 사람들이 놀래가꼬 감탄을 함시러 궁색한 섬에 예사롭지 않은 얼라가 났다고 좋아했제. 갸 이름이 바로 설운雪雲인 기라.

어느 날 잠자고 있는 설운을 요래조래 뜯어보던 어무이가 깜짝 놀래가꼬 뒤로 자빠라질 뻔했다 쿠네. 얼라 겨드랑이에 아가미가 생기가꼬 있제, 피부에는 딱딱한 비늘이 돋아나고 있더란 말이거덩. 바다 밑으로 들어가가꼬 물꾀기들하고 헤엄쳤다 카능 기 빈말 아이란 말이제. 글타 캐도 이기 알리지 삐모 요사스런 얼라 낳았다꼬 동네 사람들한테 쫓기날까 싶어가꼬 절대 말 안하기로 냄편하고 약속했다고 안하나.

설운이 스무 살쯤 될 때 남해안에는 왜구들 노략질 등쌀이 보통 아인 기라. 육지에 사는 사람이사 오데 도망갈 데라도 있제마는 섬에 사는 사람은 오데로 도망가겠노. 꼼짝없이 당하는 기라. 왜구들은 갱상도나 전라도 곡창지대를 털어가꼬 감시러 중간에 있는 사량도나 수우도에 들리가꼬 가난한 섬사람들 식량이고 머시고 눈에 띄끔 들고 가삐린단 말이제.

그때쯤 설운은 이미 도술을 부리는 경지에 이른 기라. 수우도에서 사량도로, 욕지도로, 어떤 때는 멀리 남해섬南海島까지를 훌쩍훌쩍 건너 뛰다녔다 카능 거 아이가. 그런 설운이 눈에 노략질하는 왜구는 절대 두고 몬 보능 기란 말이제. 암시롱. 즈그 고향 사람들이 당하는데 가마이 두고 볼 설운이 아이고 말고.

그래가꼬 왜구선이 앞바다로 몰리가능 기 보이믄 단신으로 바다도 뛰들어가꼬 왜구선을 뽀사뻐가 침몰시키는 기라. 생각해 보라 카이. 물밑에서 배로 뒤집어뻐는데 왜놈들 즈그가 우짤 끼고 말다. 무찌르고 양곡은 다시 뺏아가꼬 인근 섬 사람들한테 돌리준 기라.

그 뒤로도 설운은 수우섬이나 사량섬 섬 꼭띠이 산정에 걸터앉아가꼬 먼 바다 우로 왜구의 해적선들이 지나가능 기 보이믄 큰 부채로 살살 흔들었제. 부채로 파도를 일으키가꼬 배로 디빗뻤다 쿤다.

전설에는 그 시대 사람들이 원하는 기 다 들어있다 아인가베. 이기 무신 뜻인고 하믄 말이다. 내 사는 지역이 힘들다 쿠먼 우리 지역을 살리는 영웅을 만들어야 되고 내 나라가 힘들다 쿠먼 내 나라를 살리는 영웅을 만들어야 된다 카는 이바군 기라. 우리가 리더를 제대로 만들면 우리나라가 튼튼해지고, 우리 국민이 잘산다 카는 바로 그런 말 아이것나. 내 지역 내 나라 살리는 설운 장군은 바로 우리가 맹그능 기라.

# 옥녀봉
# 전설

얼매 전에 사량도蛇梁島에 갔다 온 기라. 가서 옥녀봉을 쳐다보이 슬픈 전설이 생각 안 나나.

남해안으로 여행 쪼매이 댕기본 사람들은 다 알제. 섬 이름 사량도는 조선시대 어사 박문수가, 고성 문수암에서 건너다본께네 두 섬이 짝짓기할라 카는 뱀 같다꼬 캐서 그리 이름 붙있다 쿠는 거.

사량도에 갔으문 옥녀봉이라 카는 데 올라가봤을 끼다. 근친상간 전설이사 오데나 있는 기지마는 옥녀봉 전설은 참 가심 아픈 이바구 아인가베.

홀아비와 옥녀라 카는 딸이 살았는데 이 딸아가 자람시러 살살 처녀티가 나고 궁디가 커짐시러 걸으문 씰룩거리제. 앞가심도 빵빵해가꼬 출렁거릴 정도라 칸다. 어느 날 즈그 아비가 본께네 얼굴 태가 죽은 지 어미 빼다박았다 아인가베. 그라고 살집이 오동통한 기 침이 꼴깍 넘어가능 기라. 그래도 첨에는 '내가 미친 기 아이문 이라믄 안 되제.' 함시러 끓어오리는 욕정을 안 눌렀겠나 말이다.

그라다가 어느 비 오는 날 죽은 마누라 생각이 나가 술 한 잔했단 말임시. 한 잔 묵고 난께네 낯빤디기는 달아오르제, 머리는 뺑뺑이 돌제. 딸래미 옥녀가 지 방으로 들어가는데 눈이 헤까닥했삔 기라. 그래가꼬 옥녀방 문을 왈카닥 열고 들어갔단 말이제.

인자 막 잘라꼬 속곳만 입고 누울라 카는데 아비가 눈이 뻘게가꼬 들이닥친께네 옥녀는 이기 먼 일인고 싶어가꼬 아부지를 올리다 봤제. 아부지 하는 말이 "니는 딱 느그 어메를 빼닮은 기라. 이리 오거래이."

섬에서 자란 어리비리한 처녀라 캐도 이거는 본능적으로 아이라 카능 거로 알았능 기라. 지금 지 앞에 서 있는 인간은 지 애비라는 인간이 아이고 짐승이라 카능 거.

"아부지 와 이캅니꺼. 이라모 안 됩니데이. 빨리 아부지 방으로 가이소!"

"이노무 가스나가 머시라 카노. 이때껏 키아났으모 고분고분 애비 말로 들을 끼제!"

그란께네 옥녀 머리가 복잡해지능 기라. 이런 것도 애비 말이라 카문 들어야 되능 긴가? 그기 효도가 맞능 긴가? 그래도 이거는 아이다 싶은 기라. 그래서 얼른 둘러댄 말이 에법 호소력 있었제.

"아무리 생각해도 아부지, 이거는 사람 도리가 아인 거 갔심니더. 그래도 아부지가 꼭 할라 쿠먼 우짤 수 없지예. 그라모요, 내일 새벽답에 요 뒷산 꼭대기로 멍석 씨고예 소맨치로 울면서 올라오이소예. 그라모 짐생이라꼬 생각하고 아부지 말 대로 하겠심니더."

애비도 가마이 생각해본께네 일리가 있는 이바구란 말이제.

새벽에 옥녀는 일찌감치 뒷산으로 올라갔다 아인가베. 가면서 생각한 기, 설마 아비가 술 깨고 나문 그리야 하겟나 그리 생각을 안했겠나. 그란데 동이 희붐 트고 비는 비실비실 오는데 본께네 애비가 진짜로 멍석 씨고 움메움메 움시로 소멘치로 기어올라오능 기라.

'하이고 칠성님요, 지 아비가 인자는 눈깔이 디비지가꼬 진짜배기로 멍석 디비쓰고 짐승이 됐뿟심니더. 설마 캤는데 인자 내는 더 갈 데도 없심니더. 지발 지가 죽으문 우리 어무이 옆으로 보내주이소.'

그라고 고마 절벽에서 뛰내리뿟다 카능 거 아이가.

지금도 비가 내리문 옥녀 죽은 자리에는 붉은 피 거튼 이끼가 자란다 쿤다. 구전에 따르모, 옥녀 애비도 빗나간 욕정을 후회함시러 돌로 거시기를 찍고 죽었다 카네.

'근친상간 이바구'의 주요 모티프는 원시적 성 형태에 대한 기제. 전국 각지에 다양하게 있지마는 대부분 남매 간 이바구고 부녀간은 쪼매이 독특한 기라.

욕망이라 카능 거는 인간이 긍정적인 방향으로 발전하는데 제일 중요한 에너지 아인가베. 그래서 우짜등가 욕망이라 카능 거는 없으문 인류 발전이 안 되고, 넘치문 인간성이 망가진다 카능 거는 옥녀봉 전설이 갤카 주는 교훈 아이것나.

  돌아오는데 자꾸 옥녀가 옷덜미를 잡는 것 같아가 발걸음이 떨어지지 않더라 카이. 설화라 카능 기 오데까지가 진짜고, 오데까지가 허구인 긴지 모르것지마는 남자들은 옥녀 이바구 들으모 쪼매이 찔리는 데 있것제. 옥녀봉 오거들랑 지 가심에 손 얹고 한 번 쓱 생각해보는 시간 가지보라꼬 이리 소설맹치로 기록해 놓는 기라.

# 토영에 김삿갓이 왔다 카대

 김삿갓! 내는 고마 그 이름만 들어도 가심이 짠하데 이. 중국 당나라에 시선詩仙 이백이 있었다 카모 우리 조선에는 김삿갓이 있다 아인가베. 맨날 삿갓 씨고 댕깃다고 호가 김삿갓이 되아뻿제. 김립金笠라 쿠는 거, 별호로 연못에 핀 난초라꼬 난고蘭皐도 있고. 병연炳淵이라 카는 이름은 벨시리 불리보도 몬 했능 기라. 우짜다가 시상 잘못 만나가꼬 평상 방랑시인이 됏뻿다 아이가.

평안도 선천부사하던 할베 익순益淳이 농민전쟁 때 홍경래한테 투항한 죄로 처형당하고 폐족이 됐다 아인가베. 병연의 옴마가 집안 내력을 철저히 감추고 숨어살믄서 남달리 영민한 작은아들을 글방에 다니게 했다고 안하나.

한날 향시鄕詩에 나가가꼬 덜커덕 장원을 해삐능 기라. 그 시가 〈논정가산충절사탄김익순죄통우천論鄭嘉山忠節死嘆金益淳罪通于天〉이라는 긴데. 이기 할베 익순을 조롱하는 과시科詩라는 말이제. 그거로 안 엄마가 울면시로 들라주는 집안 내력을 듣고, 조상을 욕되게 한 자슥이라 하늘을 다시는 안 볼끼 라꼬 삿갓 뒤비쓰고 댕긴 것도 다 아는 이바구제.

그란데 김삿갓이 우리 토영에도 왔다갔다꼬 안 카나. 토영 당동의 판데목 언덕 우에 있는 착량묘鑿梁廟라 카는 데는 이충무공을 모신 사당인 기라. 조선 후기 앞뜰에 호상재湖上齋라 카는 초당을 지아가꼬 동네 얼라들 글로 가르칬다 칸다. 그라고 가끔 선비들이 모이가꼬 시문도 짓고 풍류를 즐깄다는 거 아이가.

지금부터 한 150년 전, 봄날이었다 카네. 선비들이 호상재에 모이가꼬 시회詩會를 열고 있었다 칸다. 와 아이라. 술도 있고 진달래 화전도 있고 글체. 그때는 창꽃이라고 했제. 술잔이 몇 순배 돌아삐고 시흥詩興이 올라가꼬 한 사람이 즉흥시를 읊고 있는데 누가 대문 안으로 들어오능 기라. 목동들이 쓰는 삿갓 쓰고 옷은 너덜너덜하제, 꼬라지가 천상 상거지긴라. 한 선비가 점잖게 타일렀다 칸다.

"보소! 여는 선비들이 앉아 시를 짓는 곳인께네 목동은 들어오마 안된다 카이. 고마 가삐소."

그란께네 불청객도 한마디하능 기라.

"목동은 소먹이는 아이를 일컫는 말이오. 나도 세상 꽤 산 사람이니 아이 동童자는 빼시구려. 길 가던 과객이 배가 고프던 차에 술과 화전花蒸 붙이는 냄새가 나서 염치 불구하고 잠시 들른 것뿐이니 너무 탓하지 마시오."

"그카모 요게는 글을 지이야 술 세 잔에 창꽃찌짐(진달래화전) 하나를 묵을 수 있능 기라요."

"나는 글을 잘 모르니 말로써 해도 되겠소?"

향시급제꺼정 했는데 와 글로 모리겠노. 즈그 할베 욕보인 기 글이니까네 글로 안 씰라꼬 한 기제.

"아, 그카모 말로 해보이소."

정관탱립소계변鼎冠撑立小溪邊, 백분청유자두견白粉靑油煮杜鵑,
쌍저협래향만구雙筯挾來香滿口, 일년춘색복중전一年春色腹中傳

풀이하면 이렇다 하네.
 작은 시냇가에 솥관 세워 놓고, 흰 가루 푸른 기름으로 두견을 익히도다. 두 젓가락으로 집어 드니 향기가 입안에 가득, 한 해의 봄빛이 뱃속에 퍼지네.
 과객의 즉흥시를 한문으로 받아 적어가꼬 한 선비가 읽을께나 이거는 시골 선비들 듣도 보도 못한 명시란 말이제. 모두 놀래가꼬 일어섰능 기라, 그라고 정중하그로 물어봤제.
 "그란데 선상은 오데서 오신 누구십니꺼?"
 순식간에 술 세 잔에 커다란 창꽃찌짐 하나 삼킨 과객이 대답한 기라.
 "뜬구름 같은 세상에 이름 따위는 뭐하러 지니고 다니겠소. 이게 내 이름이오."
 손가락으로 머리에 쓴 삿갓 가리킴시러 일어난께네 시선

을 몬 알아봤던 선비들 놀래가꼬 공손하그로 엎디서 절했다 카네.

"아이고, 이기 누고. 난고蘭皐 선상님이 아니신교?"

고개를 들어본께네 김삿갓은 벌씨로 대문 밖으로 사라지고 없드라 칸다. 평생을 떠돔시러 지 아들을 딱 다섯 번 만났다 카는데 집에 가자 쿠는 아들 뿌리치고 다 야밤에 달아났삤다 카네. 조선에 영원한 보헤미안 아이가.

내 재미로 김삿갓이 그날 지은 시 가꼬 갱상도 사투리로 함 읊어볼라 칸다. 숭보지 말그레이.

"좁닥한 시냇가에 솥관 시아나놓고, 허연 가루를 퍼러딩딩한 지름으로 창꽃을 꿉아삐네. 두 저까치 찝어든께네 고마 지름두른 창꽃 냄시가 입수그리에 까딱 넘치오리고, 한 해 봄뱉이 복장에 늘늘하이 퍼지고 마는."

비록 삿갓으로 하늘 가리고 댕깃지마는 삼천리 방방곡곡 아름답다 카는 데는 오만 데 다 댕기본 양반 아인가베. 그 시절에 평안도에서 토영이 오데고. 걸어가꼬 왔실 낀데, 토영까지 왔다 카능 거는 그마이 예가 아름답다꼬 옛날부터 소문이 났응께네 온 거 아이겠나. 고마 이참에 착량묘에 '김삿갓 두견비杜鵑碑라도 하나 세아가꼬 그 양반이 우리 토영에 댕기간 거로 두고 기리모 어떻겠노.

# 도솔선사兜率禪師와 호랭이

　우리 토영에는 명산 미륵산(458.4m)이 있제. 내가 미륵산 들멕끼리는 거는 도솔선사하고 호랭이가 함께 살았던 전설을 이바구해볼라꼬 하능 기다.
　미륵도 중앙에 우뚝 솟은 미륵산은 산세가 아름답고 완만해 타지에서도 많이 찾아온다 아이가.
　요 미륵산 뻬알에는 신라 선덕여왕 때 창건한 고찰 용화사龍華寺가 있능 기라. 그래서 미륵산을 용화산이라꼬도 한닥 쿠네. 고려 태조때 도솔선사兜率禪師가 세웠다 카는 도솔암兜率菴도 있제. 그라고 조선숙종 때 청안선사淸眼禪師가 세웠다꼬 전해지는 관음암觀音庵도 있다 아이가.

　용화사 광장 주차장에서 오른쪽 산길로 올라감시러 보믄 도솔암이 보인다 카이. 초여름에 물소리 새소리 아카시 향기에 취해 올라가다가 약수 한 잔에다 산바람까지 마시모 가슴까지 써운한 기라. 오만 가지 시름이 사라지뻔다 아인가베.

　도솔암에 전해져오는 전설 함 들어보래이.

　옛날 전라도 고창군 방장산의 도솔선사兜率禪師가 거처를 옮기와가꼬 요쪽에 미륵산 바위 동굴에서 수도를 하고 있었다 카는데, 호랭이하고 그 동굴 안에서 몇 년 같이 살았다꼬 안하나. 아이고 무시라. 호랭이하고 우찌 같이 산단 말고. 머 선사인께네 그럭 칼 수도 있겠제.

　선사가 참선하고 있을 때는 산중에 있는 짐승이라 카는 짐승들은 나는 기든 기는 기든 뛰는 기든 몽땅 모이들었다 카능 거 아인가베. 선사가 숲길로 걸어가싸믄 짐승들이 뒤따르고 했다 칸다.

　지금도 도솔암 위쪽에는 수도하였던 바위굴이 있다고 하네.

하루는 호랭이가 굴 앞에 엎디가꼬 눈물을 흘리더라꼬 안 하나. 선사는 '야가 와 여서 엎드리가꼬 눈물을 흘릴꼬.' 함시러 아가리를 벌리가꼬 들다본께네 목구멍에 비녀가 걸리가꼬 있능 기라. 호랑이를 호되게 꾸짖음시러 그거로 뽑아줏다 칸다.

그런 일이 있은 후 사흘째가 되는 날 호랭이가 처네 하나를 물고 왔다 쿠나, 업어 왔다 쿠나. 우짜든 처네를 데리와가꼬 선사 앞에 놓디마는 절을 하더라 칸다.

"네 이놈, 전날 비녀 뽑아준 은혜를 어찌 이처럼 괴이한 방법으로 갚으려 하느냐?"

호랭이를 꾸짖은 후, 기절한 처네를 깨배가꼬 오데 사는 처네냐꼬 물은께네 전라남도 고성군 배씨 성 이방의 딸이라꼬 하더라 쿠네. 처네를 집에 데불다 줬디마는 처네 집에서는 을매나 반낏겠노. 안 글 캐도 혼사날 받아논 처네가 측간에 갔다 오다가 호랭이한테 물리가꼬 소식이 끊어졌뻔께네 기가 맥힐 일이제. 고맙다꼬 절을 함시러 사는 기 넉넉한께네 3백금을 내놓더라 카능 거 아이가.

다 받았다는 말도 있고 일부만 받았다 카는 말도 있제마는 우짜등가 그 돈으로 암자로 짓고 평생을 수도승으로 정진했다 칸다. 그래가 선사의 법명을 따서 이 암자를 도솔암이라 일컫게 되었다는 이바구인 기라.

요게서 우리가 학실하이 알아놔야 하능 기 하나 있다 카이. 도솔선사하고 같이 살았다 카는 호랭이 말다. 우리나라 전설에는 호랭이가 유달시리 마이 등장한다 아이가.

단군신화에 나오는 호랭이로 보매 성질이 쪼매이 급한 기라. 곰하고 같이 사람될 끼라꼬 굴에 들어가가꼬 쑥과 마늘 묵다가 고마 몬 참고 튀나온 기 호랭이 아인가베. 그란께네 사람은 몬 됐지마는 사람하고 가깝다 쿠는 기 증맹된 거는 맞제? 그래가꼬 호랭이는 인간 효행에 감동묵어가꼬 인간을 돕기도 하고, 산신이나 사자使者로 모시지가꼬 인간의 길흉화복을 관장하능 기라. 사찰이나 산신각에도 호랭이 그림이 모시지가꼬 있능 거는 그 때문 아이겄나.

호랭이는 숭배 대상이 되기도 하는데, 이거는 아매도 우리나라가 산악지형이다 본께네 자연시리 그리된 거라꼬 어느 기록에서 읽었는데 일리가 있는 거 같드라꼬.

우리나라 사방위를 지키는 사신四神은 청룡, 백호, 주작, 현

무거든. 요게서 백호는 서쪽을 지키능 기라. 서쪽에 머가 있겠노. 지도 함 잘 보래이. 세계 2대 강국인 중국 있제? 우리나라 지도를 보믄 대륙을 향해서 포효하는 호랭이 형상인 기라. 일본이 그거로 토끼로 바까뻤다 캐도 호랭이는 호랭인 기라. 진짜 우끼는 종자들이제. 우리 민족의 기상을 꺾어뻴라꼬 1903년에 조선 지형을 연구한 일본학자 '고토 분지로'라 카는 인간이 그리 주장했다 카능 거 아이가.

조선시대에는 무관의 표시로 관복의 흉배에 호랭이를 그리넣었다 카대. 88 서울올림픽 공식 마스코트도 호랭이로 형상화한 호돌이 아인가베.

우리나라가 강국들 틈바구니에 낑기가꼬 지난 세월을 엄청시리 힘들게 살아왔지마는 요 호랭이 기상으로 버티낸 기제. 고마 호랭이 파이팅이데이!

| 작품 해설 | －내 쫌 만지도

# '위트, 유머, 아이러니 그리고 풍자'

유한근

　수필의 특성인 '위트와 유머'는 문학적 대상에 대한 지성적 소산을 감성적 언어로 전달할 때 가능해진다. 작가가 전언하려한 이야기를 효과적으로 전달할 수 있다는 점에서는 제격이다.
　이 맥락에서 읽게 되는 수필이 양미경의 〈내 쫌 만지도〉이다. 수필의 제목부터가 이 수필의 특성을 드러낸다. 이 수필은 이렇게 시작한다. "보그래이, 느그 만지도晩地島라 카는 섬 이름 들어봤나? 주변 섬보다 사람들이 늦게 정착했닥꼬 만지

晩地에서 비롯된 말이라 카네.

 그를 갈라 카모 통영 달아항에서 배를 타갓고 연대도로 들어가가 출렁다리를 건너면 아기자기하고 이뿐 얼굴로 반기주는 작은 섬이 만지도인 기라. 출렁다리로 해안 지겟길은 인자는 유명해졌제."에서 보듯이 구어체 수필로, 경상도 사투리를 수필의 전체 문장을 이어간다. 구수한 사투리를 문체로 차용할 때의 창작적 전략은 자기비하 혹은 비꼼을 통해 타자나 사회에 대한 날카로운 비판 의식이 함유되어 있다는 점이다. 아니면 부끄러운 이야기를 유머러스하게 구사할 수 있다는 점에서 효율적이다. "연대도와 만지도를 이어주는 다리를, 연대도에서는 '연대도 출렁다리'라 쿠고, 만지도에서는 '만지도 출렁다리'라꼬 부름시러 기싸움이 있었다고 안하나. 그래서 다리 이름을 새로 짓는데, 이름이 머냐꼬? 믿거나 말거나 '가운데 다리.'라쿠네. 암만, 선장이 승객 웃길라꼬 지가 작명한 기라. 진짜 이름은 '조은다리'라코 안하나. 머 조은다리나 가운데 다리나 그기 그거 아이가? 유람선 선장할라 카마 요 정도 유머감각은 필수인 기라."는 것만 보면 후자의 창작적 전략이라 볼 수 있을 것이다.

이에 관련해서 이 수필에서 말하고자 하는 메시지는 만지도라는 섬에 사는 사람들의 이야기다. "요기 사는 사람들도 인자 섬하고 같이 늙어가는 중이란 말이제. 젊은 사람들은 안 보이고 영감과 할마시들이 늙은 해송처럼 수평선바라기나 하는 동네 아인가베. 젊은이들이 많으마 섬도 생기가 팔팔할낀데 늙은이만 보이께네 섬도 억시로 허전해 보이는 기라"에서의 노령시대에 대한 관심이다. 농촌과 마찬가지로 젊은 사람들은 없고 노인들만 사는 섬에 대한 환기가 그것이다. 그러나 정작 이야기하려는 것은 노인의 욕망과 감성에 대한 것이다. "늙는다는 기 자연이치이기는 하지만 서글픈 거는 만사에 둔감해지는 거 아이겠노. 심장 펄펄 뛰는 기대감도 없고, 목숨 걸 만한 사랑의 욕구도 하마 시들하고, 우짤 때에는 주변에 사람마저 귀찮을 때도 있는 기라./마, 글타 캐도 사람이 죽은 기 아이고 목심이 붙어 있으믄 아직은 심장이 뛴다는 말 아이겠나. 심장이 뛴다 카는 거는, 보고 듣고 냄새 맡고 맛도 알고 손에 느끼는 감촉도 알고. 그라고 또 거 머라 카노? 그래 제6감, 식스센스 말이다. 느낌도 아직은 살아있는 기라."가 그것이다. '식스센스'은 초감각적 의미를 의미한다.

그러니까 특수한 인지기능이며, 직관적 방법으로 인지하는 것을 의미하는데, 이 수필에서는 뒤에 예시로 든 영화 〈죽어도 좋아〉로 보아 사랑, 성적 욕망을 의미하는 것으로 보인다. "느그도 늙어보믄 알 끼다. 우리도 심장이 펄떡거리고 아직은 피가 끓는닥꼬. 거 머라카노? 그래, 거 스킨십이 필요하다 아이가."가 그것이다.

그리고 '만지도'에 대한 중의적 의미를 말한다.

머, 꼭 손으로 만지고 쓰다듬싸야 만지는 기가. 정이 뚝뚝 넘치는 눈으로 바라도 봐주쌓고 살가운 얘기 나누고 손잡고 가운데 다리를 건네모 을매나 좋겠노. 손만 잡는닥 캐도 손바닥 사이로 온기가 오가고 눈에 상대를 가득 담으믄 그기 서로 만지주는 거 아이겠나.

살아온 세월, 웅성시럽던 시절도 따뜻하이 만지주고, 식어가는 가슴도 말 한마디로 포근하이 쓰다듬어 주믄 뭉클하게 살아난다 말이제. 젊은 느그가 느끼는 거 우리는 못 느낀닥꼬 생각하지 말그래이. 느그는 손 잡으믄 손에 땀나고 우리는 손에 땀 안나는 줄 아나? 머스마 가스나 만나믄 가슴 뛰제? 우리도 심장 벌렁거린다 카이. (…) 글치마는 감정에는 주름 안 간다는 거 느그도 나이 묵어

보믄 알끼다. 괜찮은 남자 보믄 가슴 뛰제. 우리도 연애질 하는 젊
은 아그들 보믄 부럽다. (…) 다들 오이라. 출렁거리 쌓는 가운데
다리 건너도 보고 만지쌓고 부비쌓고 정들어 가믄서 살아보자카이.
와서, 내 쫌 만지도!

　　　　　　　　　　　　　─양미경의 〈내 쫌 만지도〉 결말 부분

　위의 인용문에서 주목되는 부분은 "살아온 세월, 응성시럽
던 시절도 따뜻하이 만지주고, 식어가는 가슴도 말 한마디로
포근하이 쓰다듬어 주믄 뭉클하게 살아난다 말이제."이다.
이 부분에 작가의 메시지가 들어 있기 때문이다. '만지도'라
는 의미는 신체 접촉만을 의미하기보다는 수용하고 포용하
는 감싸주는 마음을 표현한 것으로 볼 수 있기 때문이다. 반
목이 아닌 포용이 감성의 회복시키고 삶의 희망을 살아나게
한다는 메시지다. 마지막 문장인 "다들 오이라. 출렁거리쌓
는 가운데 다리 건너도 보고 만지쌓고 부비쌓고 정들어 가믄
서 살아보자 카이. 와서, 내 쫌 만지도!"라는 유머러스한 표현
속에 내포되어 있는 더불어 사는 삶, 서로를 따뜻한 가슴으로
안아주는 사회를 위해 던지는 메시지다.

하지만 이 수필에서 간과할 수 없는 감성적 표현은 "느그는 손 잡으믄 손에 땀나고 우리는 손에 땀 안 나는 줄 아나?"와 "글치마는 감정에는 주름 안 간다는 거 느그도 나이 묵어 보믄 알 끼다."이다. 나이에는 주름이 없다는 인식을 '땀'의 이미지로 표현한 감성은 특별하다. 그리고 그것을 통해 노인의 감성을 환기시켜 주고 있다는 점도 간과할 수 없는 아이러니다.

유머나 위트로 인한 웃음은 칸트의 말대로 "우리가 예상치 못했던 방식으로 우리의 예상이 돌연히 충족되었기 때문에" 터져 나오는 것일 것이다. 물론 웃음은 그의 말대로 "긴장되었던 예상이 갑자기 뜻하지 않게 무無로 변형되는 데"에서 발생하게 되지만, 예기하지 못한 데에서 예상대로 터져 나와 우리를 충족시킬 때 그 웃음에서 우리는 희열을 느끼게 된다. 특정한 대상이나 표적에 대한 조소를 노리는 조롱을 프로이트는 경향적 위트(tendency wit) 부르는데, 이는 아이러니의 표현구조와 유사하다. 아이러니의 여러 방법 중 비꼼(sarcasm)과 말장난(pun)이 위트를 실현시키는 가장 간단한 표현구조라는 점에서, 위트는 항상 언어적이라 할 수 있다.

이런 맥락에서 유머는 공감적인 웃음이나 웃음 그 자체를 목적으로 하기 때문에 해가 없는 익살이라 할 수 있다. 따라서 위트와 유머는 풍자(satire)와 같은 선상에 놓인다. 풍자는 문학사전적 의미로 "어떤 주제를 우스꽝스럽게 만들거나, 거기에 대한 재미·멸시·분노·냉소 등의 태도를 환기시킴으로써 그것을 격하시키는 문학적 기법"을 말하는 것으로 되어 있다. (M.H.Abrams의 ≪A Glossary of Litreray Terms≫ 참고) 이런 점에서 볼 때, 풍자는 웃음이라는 점에서 동일성이 있으나 유머와 위트보다는 부정적이다. 그것은 부정적이고 저항적인 비판 의식이 강하기 때문이며, 인간의 악덕이나 어리석은 행위에 대한 교훈적 기능을 중요시하기 때문이다. 우리 전통문학의 판소리에서 보여주고 있는 풍자성이 그러한 것처럼. 우리의 수필도 이제는 엄숙주의에 고착되지 말고 풍자문학성으로 우리문학을 앞장서 계승해 나갔으면 한다. 무거운 세상에 가볍지만 경쾌하고 유쾌하게 살아갈 수 있도록 우리의 수필은 위트와 유모와 그리고 풍자성 있는 작품으로 재탄생했으면 한다.

양미경 수필집
# 내 쫌 만지도

**인쇄** 2019년 08월 16일
**발행** 2019년 08월 21일

**지은이** 양미경
**발행인** 서정환
**펴낸곳** 수필과비평사
**주소** 서울시 종로구 삼일대로 32길 36(익선동 30-6 운현신화타워) 305호
**전화** (02) 3675-3885, (063) 275-4000 · 0484
**팩스** (063) 274-3131
**이메일** sina321@hanmail.net   essay321@hanmail.net
**출판등록** 제300-2013-133호
**인쇄 · 제본** 신아출판사

저작권자 ⓒ 2019. 양미경
이 책의 저작권은 저자에게 있습니다. 서면에 의한 저자의 허락없이 내용의 일부를 인용하거나 발췌하는 것을 금합니다.
COPYRIGHT ⓒ 2019, by Yang Mikyung
All rights reserved including the rights of reproduction in whole or in part in any form.
저자와 협의, 인지는 생략합니다.
잘못된 책은 바꿔 드립니다.

ISBN 979-11-5933-235-7   03810

**값** 13,000원

> 이 도서의 국립중앙도서관 출판예정도서목록(CIP)은 서지정보유통지원시스템 홈페이지
> (http://seoji.nl.go.kr)와 국가자료공동목록시스템(http://www.nl.go.kr/kolisnet)에
> 서 이용하실 수 있습니다.(CIP제어번호: CIP2019031988)

Printed in KOREA

\* 이 책은 경남문화예술진흥원의 문화예술지원금을 보조받아 발간되었습니다.